Danila Piotti

Intermezzo
Italienisch

Wiederholen – Aktivieren – Kommunizieren **A1**
mit Audios online

Hueber Verlag

3. 2. 1. | Die letzten Ziffern
2027 26 25 24 23 | bezeichnen Zahl und Jahr des Druckes.
Alle Drucke dieser Auflage können, da unverändert, nebeneinander benutzt werden.
1. Auflage

Redaktion: Giovanna Rizzo, Stephanie Pfeiffer, Anna Colella, Hueber Verlag, München
Umschlaggestaltung: Sieveking · Agentur für Kommunikation, München
Layout und Satz: Sieveking · Agentur für Kommunikation, München
Druck und Bindung: Passavia Druckservice GmbH & Co. KG, Passau
Printed in Germany
ISBN 978-3-19-099600-1

Art. 530_29839_001_01

Vorwort

Cari studenti d'italiano,

Sie haben bereits einen Anfängerkurs besucht und das Niveau A1 des Gemeinsamen Europäischen Referenzrahmens für Sprachen erreicht, möchten Ihre Kenntnisse aber zunächst festigen und aktivieren? Oder Sie haben früher schon einmal Italienisch gelernt und möchten jetzt wieder in diese schöne Sprache einsteigen und Ihre Grundkenntnisse auffrischen?

Dann ist ein Sprachkurs mit **Intermezzo Italienisch A1** die perfekte Lösung für Sie! Denn damit können Sie das Gelernte *wiederholen*, Ihre vorhandenen Kenntnisse *aktivieren* und die notwendige Sicherheit gewinnen, um mit Muttersprachlern zu *kommunizieren*. Innerhalb eines Semesters können Sie so die wichtigsten Lerninhalte des Niveaus A1 konsolidieren bzw. einen entspannten Wiedereinstieg in die italienische Sprache finden.

Durch motivierende Hör- und Lesetexte sowie abwechslungsreiche Übungen trainieren Sie die vier Kompetenzen (*Hören*, *Sprechen*, *Lesen* und *Schreiben*), wobei der Fokus auf der mündlichen Kommunikation und der Interaktion liegt: Zahlreiche Sprechanlässe bieten reichlich Gelegenheit, den relevanten Wortschatz und die wichtigsten Grammatikstrukturen aktiv anzuwenden.

Die Lektionen sind thematisch ausgerichtet und wie folgt aufgebaut:

- → Auf der **Einstiegsseite** finden Sie ein oder mehrere Fotos zum Lektionsthema, eine Übersicht über die Lernziele sowie – ab Lektion 2 – eine spielerische Wiederholungsaufgabe, die sich auf die jeweils vorangegangene Lektion bezieht.
- → Danach folgen **Teil A** und **Teil B**, in denen jeweils auf drei Seiten ein Aspekt des Lektionsthemas aufgegriffen wird.
- → Den Abschluss bildet die Überblicks- und Übungsseite **Ricapitoliamo**.

Im Anhang befinden sich alle weiteren Elemente für ein erfolgreiches Lernen: eine Grammatikübersicht mit Verbtabellen, der Wortschatz nach Lektionen sowie ein alphabetisches Wortschatzverzeichnis (Italienisch-Deutsch), die Lösungen zu den Aktivitäten und die Transkriptionen aller Hördialoge.

Alle Audios sind kostenlos über den Lehrwerkservice (www.hueber.de/intermezzo/italienisch) abrufbar oder können über die kostenlose *Hueber Media-App* für Smartphone und Tablet direkt abgespielt werden.

Unter www.hueber.de/intermezzo/italienisch stehen Ihnen außerdem zu jeder Lektion zusätzliche Übungen sowie ein didaktischer Leitfaden zur Verfügung.

Mit **Intermezzo Italienisch A1** werden Sie fit für Ihr nächstes Lernziel!

Buon divertimento e buon lavoro!
Autorin und Verlag

Inhalt

Grammatica	Lessico
Fragewörter • die Präpositionen «di», «a», «in» • Possessivbegleiter	Nationalitäten • Berufe • Adjektive, die das Äußere und den Charakter einer Person beschreiben • Verwandtschaftsbezeichnungen
regelmäßige und unregelmäßige Verben im Präsens, reflexive Verben • Adverbien der Häufigkeit • die Modalverben «potere», «volere» und «dovere»	alltägliche Tätigkeiten • Freizeitaktivitäten • die Uhrzeit • das Datum (Wochentage, Monate)
Ortsangaben • «mi piace / mi piacciono»	Gegenstände in einem Hotel • Essen und Trinken
Ortsangaben • «c'è / ci sono»	städtische Gebäude und Einrichtungen • Körperteile • Medikamente • Wetter
Teilungsartikel • direkte Objektpronomen («lo», «la», «li», «le»)	Lebensmittel • Geschäfte • Gewichte und Mengenangaben • Kleidung und Accessoires • Farben und Materialien
das «passato prossimo» • Zeitangaben in der Vergangenheit • die doppelte Verneinung	Urlaubsarten und -aktivitäten • Wohnung und Möbel

Verwendete Symbole:

- Aktivität zu zweit
- Aktivität in einer kleinen Gruppe
- 1 Hörtext mit Tracknummer
- → Hinweis auf die Grammatikübersicht

I Di dove sei?

Attiviamo!
- → sich kennenlernen
- → das Aussehen und den Charakter einer Person beschreiben
- → über die Familie sprechen

Grammatica:
- → Fragewörter
- → die Präpositionen «di», «a», «in»
- → Possessivbegleiter

Lessico:
- → Nationalitäten
- → Berufe
- → Adjektive, die das Äußere und den Charakter einer Person beschreiben
- → Verwandtschaftsbezeichnungen

A Facciamo conoscenza!

1. Un panorama… sul mondo

a. Guardate l'immagine a pagina 6 e a coppie scrivete il maggior numero di aggettivi di nazionalità. Avete un minuto di tempo. Confrontate poi in plenum.

italiano/a/e/i
francese/i
→ S. 58

b. A gruppi di tre. Fate una lista delle «bellezze» del mondo che conoscete. Avete cinque minuti di tempo. In plenum confrontate: vince il gruppo con la lista più completa.

Esempio:
♠ In Italia, a Roma, c'è / si trova il Colosseo.
♣ Io conosco la Torre Eiffel, è un monumento francese.
♦ La Sagrada Familia invece è una cattedrale spagnola.

Colosseo	italiano
Torre Eiffel	francese
Sagrada Familia	spagnola

2. Ciao!

1

a. Ascoltate il dialogo: secondo voi quali delle persone raffigurate sotto stanno parlando? Parlatene con un compagno.

1. 2. 3. 4.

b. Ascoltate il dialogo un'altra volta: che cosa sappiamo della donna? Confrontate poi con un compagno.

NOME
NAZIONALITÀ
CITTÀ DI PROVENIENZA
CITTÀ DI RESIDENZA
ANNI
STATO CIVILE
LINGUE

c. Quali sono le domande che usiamo per fare conoscenza? Completate la tabella in basso. Utilizzate anche le espressioni dello specchietto. Confrontate poi in plenum.

Come...?
Dove...?
Di dove...?
Quanti...?
Che...?
→ S. 58

	TU	LEI
nome		*Come si chiama?*
città di provenienza / nazionalità		
città di residenza		
anni		
stato civile	*Sei sposato / -a?*	
lingue		

3. Facciamo conoscenza nel corso!

Compilate una scheda con i vostri dati. Poi intervistate alcuni compagni che conoscete poco e rispondete alle loro domande. Alla fine raccontate in plenum con quali compagni avete delle cose in comune.

Sono di Roma, ma abito a Londra, in Inghilterra.
→ S. 61

NOME
CITTÀ DI PROV.
CITTÀ DI RESID.
STATO CIVILE
LINGUE

NOME
CITTÀ DI PROV.
CITTÀ DI RESID.
STATO CIVILE
LINGUE

NOME
CITTÀ DI PROV.
CITTÀ DI RESID.
STATO CIVILE
LINGUE

NOME
CITTÀ DI PROV.
CITTÀ DI RESID.
STATO CIVILE
LINGUE

4. Dimmi quando sei nato e ti dirò che lavoro fai!

a. Leggete il seguente articolo, sottolineate le professioni e poi confrontate con un compagno.

Le vostre professioni mese per mese

Gennaio: alta percentuale di medici generici e agenti delle tasse, mancano invece gli agenti immobiliari.

Febbraio: mese giusto per artisti e controllori del traffico, meno per i fisici.

Marzo: abbondano piloti e musicisti.

Aprile: mese da cancellare perché si porta dietro un numero maggiore di malanni e un QI più basso della media.

Maggio: pochi giocatori (a parte David Beckham) e più politici (JFK e Tony Blair).

Giugno: mese ideale per amministratori delegati e premi nobel.

Luglio: periodo giusto per muratori, manovratori del treno ed artisti.

Agosto: ancora tanti muratori ma pure presidenti degli Stati Uniti.

Settembre: è il momento di calciatori strapagati e accademici di fama.

Ottobre: mese perfetto se si vuole vivere a lungo: in media, 215 giorni in più di un nato di marzo.

Novembre: altissime possibilità di mettere al mondo serial killer e schizofrenici.

Dicembre: oltre la media il numero dei dentisti, come pure quello dei Messia, religiosi (Gesù) o laici (Stalin e Mao) che siano.

(da: Simona Marchetti, Dimmi in che mese sei nato e ti dirò che lavoro fai, in Corriere della sera, 5 settembre 2011)

b. Rileggete l'articolo: quali professioni conoscete che non sono elencate nel testo? Con un compagno fate una lista. Quale coppia ha la lista più lunga?

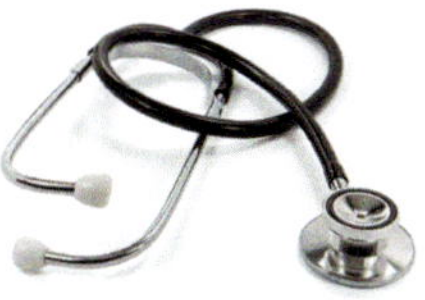

c. Intervistate alcuni compagni su questi temi: data di nascita e professione. Alla fine riferite alla classe quali professioni sono rappresentate nel vostro gruppo e in che mese. Ci sono somiglianze o differenze con gli altri gruppi?

Esempio: ♠ In che mese sei nato? Che lavoro fai?
♣ Sono nato in maggio. Sono impiegato.

♠ Che cosa fai/fa?
♣ Faccio l'architetto. / Sono architetto.
♦ Sono pensionato.

B La famiglia

2 5. Tra moglie e marito...

a. Ascoltate il dialogo: di che cosa parlano marito e moglie?

b. Ascoltate il dialogo un'altra volta e completate.

1. Paola vuole organizzare ______________________ per il ____________________ .
2. Vuole invitare

○ sua madre ○ le sue colleghe ○ sua suocera
○ alcuni amici ○ suo fratello ○ i vicini

c. Ascoltate il dialogo un'altra volta: quali di queste persone sono descritte nel dialogo?

1. 2. 3. 4.

6. Descriviamo!

a. Scegliete le parole giuste per descrivere Antonio. Confrontate poi con un compagno.

è
○ alto
○ basso
○ calvo
○ grasso
○ snello

ha
○ i baffi
○ la barba
○ gli occhiali

Antonio...

ha i capelli
○ lunghi
○ corti
○ scuri
○ biondi
○ castani

ha gli occhi
○ neri
○ marroni
○ azzurri
○ verdi
○ chiari

b. A coppie. Guardate attentamente le foto e cercate di memorizzare l'aspetto delle persone. Uno di voi guarda Patrizia e Marco e l'altro Alessandro e Claudia. Poi chiudete il libro e descrivete le persone. Il vostro compagno controlla. Chi ha una buona memoria?

Patrizia Marco Alessandro Claudia

7. La mia famiglia

A coppie. Guardate l'albero genealogico di Paola e Francesco (quelli del dialogo) e scrivete delle frasi come nell'esempio. Sotto trovate alcune parole utili. Confrontate poi in plenum. Chi ha trovato il maggior numero di rapporti di parentela?

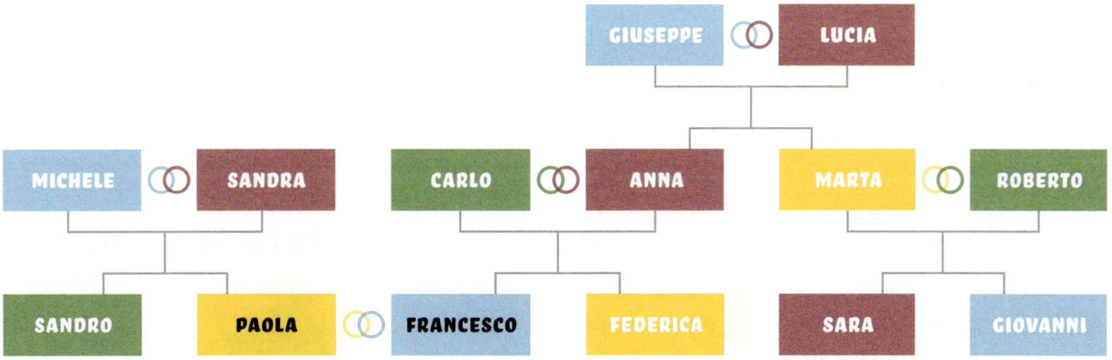

cognato cugino figlio nipote nonni sorella zio

Esempio:
Francesco e Paola sono marito e moglie.
Lucia e Giuseppe sono i genitori di Anna e Marta.
...

8. Allora, chi?

a. Leggete l'e-mail in cui Paola racconta della festa, della discussione con il marito e di chi vorrebbe invitare. Con le informazioni del punto 7 rispondete alla domanda: a chi scrive Paola?

sa_66@libero.it

Ciao ______________
come va? Ho appena avuto una discussione con Francesco per il mio compleanno. Vogliamo fare una festa, ma non siamo d'accordo su chi invitare. Chiaramente Martina e suo marito, Betta e Luigi. Poi ho pensato alle mie colleghe (che tu non conosci ancora): Marina, una ragazza molto simpatica, Giusi, una persona seria e molto interessante che viaggia molto e Roberta, una ragazza aperta e molto molto carina.
Quando ho detto a Francesco che vorrei invitare anche le mie amiche del fitness, lui ha risposto che allora dobbiamo invitare anche i suoi amici, altrimenti siamo solo donne. Tu li conosci i suoi amici, alcuni sono così noiosi! Quando poi ho nominato te, lui ha detto che allora possiamo invitare anche i suoi genitori. Insomma, mi sembra troppo...
Che faccio?
Un bacio
Paola

il mio compleanno
le mie colleghe
suo marito
i suoi genitori
→ S. 62

b. A gruppi di tre. Secondo voi, in base alle informazioni dell'e-mail, chi invita Paola alla sua festa, e chi no? Fate due liste (usate gli aggettivi possessivi) e poi confrontate con altri gruppi.

9. Com'è?

A coppie. Completate con i contrari che trovate nell'e-mail di Paola. Conoscete altri aggettivi per descrivere il carattere di una persona? Riferite in plenum.

antipatico ≠ ______________	interessante ≠ noioso
allegro ≠ ______________	chiuso ≠ ______________

10. La festa di inizio corso

Volete organizzare una festa di inizio corso e volete invitare anche persone nuove. In gruppo ogni compagno presenta due persone (parenti e / o amici) che vorrebbe portare alla festa e spiega perché.

Esempio:
Vorrei invitare mio cugino. Ha 35 anni, è architetto come il nostro compagno Klaus e parla l'italiano. È simpatico, aperto e non è sposato...

1. Domande per conoscere qualcuno

Scrivete le domande per le espressioni in verde:

Marcel è francese, di Lione,
ma abita a Milano. Ha 43 anni.
È architetto.

1. *Come si chiama?*
2. ______
3. ______
4. ______
5. ______

2. Descrivere una persona fisicamente

Guardate la foto e descrivete Marcel.

Marcel	è	______	non è	______
		______		______
		______		______
		______		______
	ha	______	non ha	______
		______		______
		______		______
		______		______

3. Nomi di parentela

Completate l'albero genealogico di Marcel.

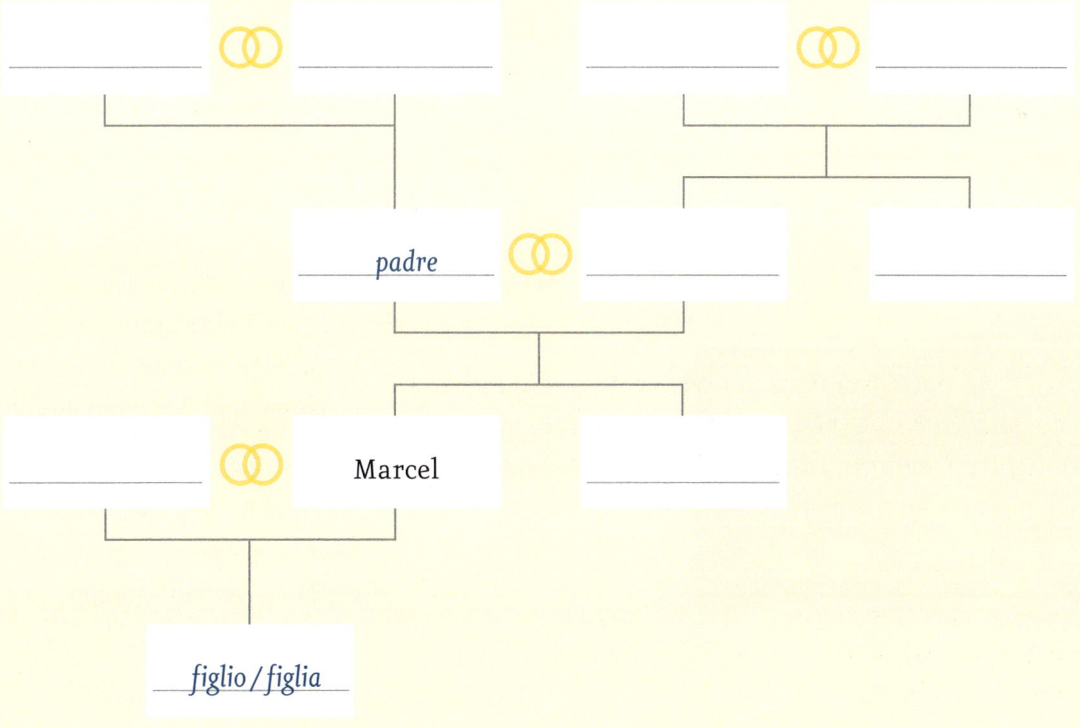

2 Così è la vita!

Attiviamo!
- → über den Alltag sprechen
- → über die Freizeit sprechen
- → Vorschläge machen, annehmen, ablehnen und Bedauern ausdrücken

Grammatica:
- → regelmäßige und unregelmäßige Verben im Präsens, reflexive Verben
- → Adverbien der Häufigkeit
- → die Modalverben «potere», «volere» und «dovere»

Lessico:
- → alltägliche Tätigkeiten
- → Freizeitaktivitäten
- → die Uhrzeit
- → das Datum (Wochentage, Monate)

Intermezzo

A coppie.
Scegliete una foto, descrivete l'aspetto fisico della persona e immaginate il suo carattere. Chi ha più fantasia?

A La routine quotidiana

1. Raccontami la tua giornata!

a. Leggete i seguenti post del forum «Raccontami la tua giornata!».
Poi a coppie: secondo voi a quali persone delle fotografie di pagina 14 corrispondono e perché?

Messaggi

29 aprile **Giada**

Mi sveglio alle 6.30, faccio la doccia e preparo la colazione per tutti. Prima di andare in ufficio porto la bambina a scuola. Mia madre va a prenderla all'uscita. Verso l'una faccio una pausa pranzo. Finisco di lavorare alle 17.30. Faccio la spesa e poi vado a prendere la bambina da mia madre. Torniamo a casa, metto un po' in ordine e preparo la cena. Mio marito rientra verso le 19.30. Alle 20.00 ceniamo e poi guardiamo un po' la televisione.

26 aprile **Alessio**

Non ho una «giornata tipica», lavoro come giornalista free-lance, quindi mi organizzo un po' come voglio. La mattina non mi sveglio molto presto (in genere dipende dalla notte precedente ☺!), mi metto al computer, controllo le mie e-mail e leggo i quotidiani online. Lavoro per alcune ore, faccio una pausa pranzo al bar sotto casa e poi riprendo a lavorare. La sera esco: vado al cinema o a teatro o a qualche vernissage, oppure mi incontro con amici e andiamo a mangiare qualcosa.

24 aprile **Miki**

Mi alzo sempre troppo tardi, quindi non faccio colazione. Corro in ufficio e lavoro fino alle 19.00, con una piccola pausa (vado in mensa). Dopo il lavoro vado in palestra e poi mi incontro con la mia ragazza.

b. Scrivete accanto alle nuvolette le espressioni che trovate nei testi.

la mattina: *alzarsi*

a mezzogiorno

il pomeriggio

la sera: *andare in palestra*

c. A coppie. Aggiungete un'espressione per ogni nuvoletta. Confrontate in plenum.

d. A gruppi di tre. A turno uno di voi sceglie un verbo del punto b, il secondo compagno dice una persona da «io» a «loro», il terzo dice una frase con il verbo alla persona richiesta. Se avete bisogno di un controllo, consultate l'insegnante o le tabelle in fondo al libro.

Esempio:

Il verbo «alzarsi».

La persona «lei».

Lei si alza alle 6 e mezzo.

2. A che ora?

Intervistate tre compagni. Fate almeno tre domande sulla loro giornata: usate le espressioni del punto 1. Scrivete le risposte nelle tabelle.
Com'è la giornata dei vostri compagni?

a mezzogiorno / mezzanotte
all'una e mezzo / mezza
alle sette
alle sette e un quarto
alle cinque meno un quarto
fino alle sette
dalle due alle tre
verso le quattro

Esempio:
♠ A che ora vai al lavoro?
♣ Alle sette.

	Nome:	Nome:	Nome:
Risposte:			

3. Che tipo!

a. A coppie. Guardate la persona raffigurata nella foto. Secondo voi com'è la sua giornata? Descrivetela! Poi riferite in plenum.

Mauro la mattina

3 b. Ora ascoltate. Avete indovinato?

c. Ascoltate di nuovo: quali sono le cose che Mauro fa sempre e non fa mai? Confrontate le vostre frasi con un compagno.

non mai	*sempre*

4. Mai? Sempre!

a. Mettete in ordine nello schema le seguenti espressioni:

qualche volta | mai | spesso | sempre | raramente

100%				0%

b. Inserite in ognuna delle seguenti frasi una delle espressioni del punto a in base alle vostre abitudini.

1. La mattina mi alzo molto presto. ________
2. Dopo colazione leggo il giornale. ________
3. A pranzo bevo un bicchiere di vino. ________
4. Il pomeriggio faccio un sonnellino. ________
5. La sera esco con gli amici. ________
6. Mi addormento prima di mezzanotte. ________

c. Intervistate adesso tre vostri compagni sulle loro abitudini, usate le frasi del punto b e scrivete le risposte nei foglietti. Chi vi somiglia di più e perché?

Usciamo **martedì**?
Il **martedì** vado sempre in palestra.
→ S. 62

Esempi:

♠ Io la mattina mi alzo sempre presto. E tu?
♣ No, io no. Io non mi alzo mai presto.

♠ Io la mattina mi alzo sempre presto. E tu?
♦ Anch'io.

♠ Vai mai in montagna il fine settimana?
♥ No, mai. E tu?
♠ Neanch'io.

Nome:

Nome:

Nome:

B Il fine settimana

5. ...di 28 ce n'è uno!

A gruppi di tre. Quale gruppo riesce per primo a scrivere tutti i mesi dell'anno nell'ordine giusto?

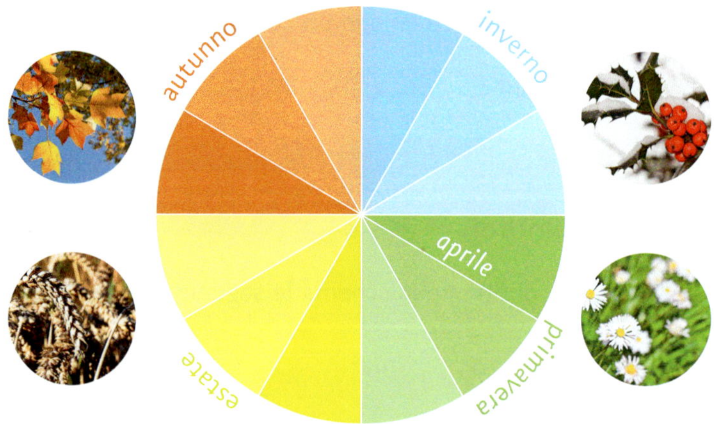

6. Tra moglie e marito...

4

a. Ascoltate il dialogo: di che cosa si parla?
Completate ora l'agenda con i giorni della settimana che avete sentito.

lunedì	martedì	______	______	______	______	______
______	______	______	______	______	______	______
______	______	______	______	______	______	______

b. Ascoltate il dialogo un'altra volta e rispondete alle domande.

1. Dove vuole andare Francesco per il fine settimana lungo?

____

2. Quando ha Paola l'appuntamento con le sue amiche?

____

3. Quando vuole partire Francesco? E Paola?

____

4. Che cosa ha proposto Luca?

____

c. Ascoltate il dialogo ancora una volta e segnate le espressioni che sentite.

○ No, dai! ○ Sì, va bene. ○ Hai voglia di...? ○ No, non ho voglia!

○ Che ne dici di..? ○ Partiamo... ○ No, non mi va! ○ Andiamo... ○ Sì, che bello!

d. Quali delle espressioni del punto c si usano per...

fare una proposta? ______________________________
accettare? ______________________________
rifiutare? ______________________________

e. Confrontate in plenum.

7. Andiamo al cinema?

a. Che cosa fate nel tempo libero? Mettete una crocetta accanto alle attività corrispondenti o aggiungete altre attività.

- ○ andare a un concerto
- ○ fare un corso di ballo
- ○ fare una passeggiata
- ______________
- ○ uscire con gli amici
- ○ andare in piscina
- ○ stare al computer
- ______________
- ○ giocare a tennis
- ○ guardare la televisione
- ○ leggere un libro
- ______________

b. In gruppi di tre. Organizzate il vostro fine settimana. Completate prima l'agenda con la data, il giorno e il mese e poi fate delle proposte ai compagni, usate le espressioni dei punti 6 e 7. Scrivete gli appuntamenti che prendete e a che ora nei giorni corrispondenti.

c. Raccontate ora ad un compagno diverso da quelli del punto b come passate il vostro fine settimana. Chi ha più impegni?

8. Mi dispiace!

a. Leggete l'e-mail che Paola scrive alle sue amiche e poi scegliete il verbo corretto nelle frasi alla pagina seguente.

martina.73@libero.it; bettalalli@hotmail.it; rosa@yahoo.it

Carissime!

Come state? Io sto bene!
Purtroppo devo disdire l'appuntamento del 24 (mercoledì prossimo). Io e Francesco vogliamo trascorrere un fine settimana lungo al mare e lui vuole partire già mercoledì sera.... Mi dispiace!
Non possiamo rimandare il nostro appuntamento alla settimana dopo? Vorrei tanto esserci anch'io!
Fatemi sapere!
Baci!
Paola

Paola ○ vuole / ○ può / ○ deve disdire un appuntamento con le sue amiche perché lei e

suo marito ○ devono / ○ vogliono / ○ possono fare un fine settimana lungo al mare e Francesco

○ deve / ○ vuole / ○ può partire già mercoledì sera perché non ○ deve / ○ può / ○ vuole perdere un giorno di vacanza.

b. Pensate al prossimo fine settimana e scrivete tre frasi: una cosa che dovete fare, una che potete fare e una che volete fare e poi confrontate a gruppi di tre. Alla fine riportate in plenum la cosa più strana che dovete / potete / volete fare.

Esempio:
Sabato devo portare il cane dal parrucchiere.

9. Cosa dico per...?

a. Leggete un'altra volta la mail del punto 8a e completate.

Cosa dico per esprimere dispiacere? ______________________

Cosa dico per fare un'altra proposta? ______________________

Come comincio e come concludo un'e-mail? ______________________

b. Scrivete ora una breve e-mail per disdire un appuntamento che avete preso al punto 7b. Spiegate perché non potete andare e fate un'altra proposta.

prendere / fissare, disdire, rimandare } un appuntamento

1. Parlare delle attività quotidiane

a. Descrivete la giornata di Serena sulla base dei disegni.

Serena si alza alle 7.00.

b. Partecipate anche voi al forum «Raccontami la tua giornata!» e scrivete il vostro intervento.

Messaggi

2. Fare proposte

Scrivete le proposte a un amico in base ai disegni.

22/07
8.30
SABATO

17/09
20.30
GIOVEDÌ

14/10
20.00
MARTEDÌ

3 In giro

1. 2. 3.

Attiviamo!
- → nach Informationen fragen
- → ein Reservierungsformular ausfüllen
- → kulinarische Vorlieben ausdrücken
- → bestellen und um die Erläuterung einzelner Gerichte bitten

Grammatica:
- → Ortsangaben
- → «mi piace / mi piacciono»

Lessico:
- → Gegenstände in einem Hotel
- → Essen und Trinken

Intermezzo

A gruppi di quattro. Immaginate la giornata di un cliente tipico di uno di questi hotel e raccontatela. Il primo comincia con una frase, il secondo ripete questa frase e ne aggiunge un'altra e così via.

A Alla reception

1. Che bell'hotel!

a. Leggete la descrizione dei seguenti hotel.
A coppie. Secondo voi a quali foto corrispondono le descrizioni e perché?

RAFFAELLO DESIGN HOTEL
★★★★

Benvenuti nell'originale Raffaello Design Hotel a Roma, situato a soli 10 minuti dalla Basilica di San Pietro. Questo albergo è un'ottima scelta per chi è a Roma per lavoro o turismo.

La posizione dell'hotel, molto centrale, vi permetterà di raggiungere facilmente a piedi tutte le attrazioni artistiche e storiche della città, dalla Basilica di San Pietro a Piazza Navona.

1.

HOTEL IMPERIALE
★★★★★

Situato in un elegante palazzo d'epoca nel cuore di Roma, l'hotel Imperiale è un albergo a 5 stelle, vicino alla Biblioteca Nazionale e a 500 metri dalla stazione Termini.

Nelle immediate vicinanze, la metropolitana (linea B fermata Castro Pretorio) e un servizio di autobus permettono un collegamento diretto con tutte le zone della città.

2.

JOLLY HOTEL
★★★

Situato a pochi chilometri dalla fiera di Milano, il Jolly Hotel offre camere spaziose, parcheggio gratuito, un centro fitness e la connessione Internet gratuita nell'intera struttura.

Tutte le camere sono dotate di aria condizionata e TV a schermo piatto. Per la colazione il Jolly Hotel allestisce un ricco buffet. Nei periodi di fiera l'albergo fornisce un servizio navetta per la fiera.

3.

b. Cercate nelle descrizioni le caratteristiche degli hotel e scrivetele.
Confrontate poi con un compagno. Quali caratteristiche sono importanti per voi?

Esempio: Per me un hotel deve essere / avere...

c. A gruppi di tre. Ci sono altre caratteristiche determinanti nella scelta di un hotel? Aggiungetele alle liste.
Alla fine scrivete la descrizione del vostro hotel ideale e presentatelo in plenum. Avete gli stessi gusti?

in centro / centrale
vicino al centro
lontano dal centro
a 200 metri dalla stazione
nelle vicinanze dell'hotel

2. Dov'è?

a. Guardate il disegno e completate le frasi con le parole che trovate a destra.

la porta | il comodino | la chiave | il telefono | l'armadio | ~~la lampada~~ | il minibar | il tappeto

È sotto la finestra: ______________________

È vicino all'armadio: ______________________

È accanto al letto: ______________________

È sopra al letto: *la lampada*

È di fronte al letto: ______________________

È nella porta: ______________________

È sul comodino: ______________________

È davanti al letto: ______________________

b. A gruppi di tre. Ora guardate la stessa camera dopo che gli ospiti l'hanno lasciata e descrivetela. Confrontate poi in plenum. Vince il gruppo con più frasi. Avete due minuti di tempo.

È vicino **all'**armadio.
È di fronte **al** letto.
È **nella** porta.

→ S. 62

Esempio: Il cuscino è dietro il letto.

5

3. Buongiorno!

a. Ascoltate il dialogo e completate.

Prenotazione

Data di arrivo: ____________ Data di partenza: ____________

Tipo di camera: ☐ singola ☐ doppia ☐ matrimoniale

b. Ascoltate il dialogo un'altra volta e segnate l'informazione corretta.

La camera dà: ○ sul parco ○ sul cortile ○ sulla strada

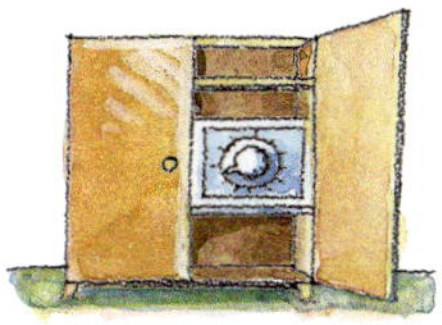

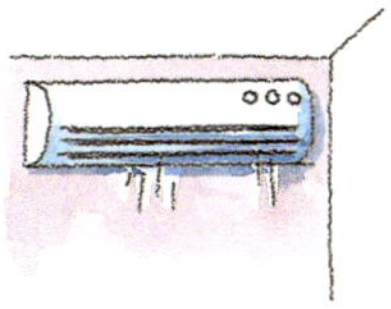

Nella camera c'è: ○ la cassaforte ○ il balcone ○ l'aria condizionata

L'albergo ha: ○ l'ascensore ○ un centro fitness

c. Chi dice le seguenti frasi: l'impiegato (○) dell'hotel o i clienti (○)?
Mettete una crocetta accanto alle frasi. Poi ascoltate e controllate.

○ ○ La camera è tranquilla?
○ ○ Posso avere i documenti?
○ ○ Queste sono le chiavi.
○ ○ La fermata della metropolitana è qui vicino?
○ ○ Allora la camera non ha una bella vista...
○ ○ C'è l'aria condizionata?
○ ○ Faccio venire qualcuno per i bagagli.
○ ○ Lì c'è l'ascensore.

d. A coppie. In quale hotel di quelli del punto 1 hanno prenotato i signori Martini e perché?

e. Volete prenotare un hotel in Internet. Completate il modulo.

Prenotazione

Dati anagrafici
Nome: ____ Città: ____
Cognome: ____ Nazione: ____
Indirizzo: ____ E-mail: ____
Telefono: ____ Cellulare: ____

Altri dati
Arrivo: ____
Partenza: ____
N° adulti: ____
N° bambini: ____

Altre richieste
____

f. A coppie. Adesso scambiate il libro con un compagno e leggete il suo modulo. Fate il dialogo con il vostro compagno sul modello di quello che avete sentito: voi siete l'impiegato dell'hotel.

B Al ristorante

4. Il mio piatto preferito

A gruppi di tre. C'è un piatto della cucina italiana che vi piace particolarmente? Ogni gruppo scrive i suoi piatti su un foglio. Confrontate poi in plenum: c'è un «piatto vincente»?

Esempio:
Mi piace molto la pizza...
Mi piacciono le tagliatelle ai funghi porcini...

mi piace + Substantiv im Singular
mi piacciono + Substantiv im Plural
→ S. 61

5. Come si chiamano?

a. A gruppi di tre. Conoscete i piatti delle fotografie? Sapete come si chiamano? Scrivete i nomi sotto le fotografie.

b. Sotto il menu di pagina 27 si nascondono i quattro piatti: cercateli e controllate se avete scritto giusto.

c. A coppie. Completate il menu con i nomi dei piatti. Ogni categoria ha cinque piatti. Confrontate poi in plenum.

MENU

Antipasti

alici marinate
carpaccio di manzo con rucola e grana
____
____
____

Primi piatti

tagliolini al ragù di pesce
minestrone di verdure
____
____
____

Secondi piatti

Carne

involtini di vitello
____
____

Pesce

trota alla mugnaia
____

Contorni

radicchio alla piastra
cipolle al forno ripiene
____
____
____

Dessert / Dolci

semifreddo alle mandorle
biscotti della casa con zabaione
____
____
____

torta di ricotta | verdure alla griglia | prosciutto crudo e mozzarella di bufala | ravioli di pesce | insalata di pomodori | pollo al forno con patate | insalata di mare | asparagi in insalata | panna cotta al caramello | risotto al nero di seppia | spaghetti allo scoglio | branzino in crosta di sale | patate al forno o fritte | macedonia aromatica con gelato di cioccolato | ossobuco in salsa gremolada

d. A gruppi di tre. Vi piacerebbe provare alcuni piatti del menu? Cosa non vi piace? Avete gli stessi gusti?

Esempio:

♠ Vorrei provare i tagliolini al ragù di pesce perché mi piace il pesce.
♣ Io invece vorrei…

6

6. Tra moglie e marito...

a. Ascoltate il dialogo e segnate nel menu del punto 5 i piatti che ordinano Paola e Francesco. Confrontate poi con un compagno.

b. Ascoltate il dialogo un'altra volta e verificate se avete segnato i piatti giusti.

Cosa prendono Paola e Francesco da bere?
una bottiglia di ______________ ○ piccola | ○ grande ○ frizzante | ○ naturale

○ due bicchieri | ○ mezzo litro | ○ un litro di vino ______________

c. Ascoltate di nuovo il dialogo e segnate le espressioni che dicono Paola e Francesco. Poi inserite le espressioni al posto giusto.

Senta, scusi! | Un tavolo per due persone! | Il conto, per favore! | Ci porta il menu, per favore? | Nell'insalata di mare c'è l'aglio? | Io prendo... | Per me... | La salsa gremolada com'è fatta? | L'ossobuco è servito con...

1. chiedere un tavolo: ______________
2. chiamare il cameriere: ______________
3. chiedere il menu: ______________
4. chiedere com'è fatto un piatto: ______________
5. chiedere se c'è un ingrediente particolare in un piatto: ______________
6. dire che cosa si prende: ______________
7. chiedere se un piatto è accompagnato da qualcosa: ______________
8. chiedere il conto: ______________

d. A gruppi di tre. Ognuno scrive una lista di tre o quattro piatti che ha mangiato negli ultimi tempi e poi la mostra ai compagni. Chiedete informazioni sui piatti che non conoscete.

Esempio:
♠ Come sono fatti gli spaghetti allo scoglio?
♣ Ci sono le cipolle nell'insalata di mare?

e. A gruppi di tre. Siete in un ristorante: uno di voi è il cameriere e gli altri due i clienti. Chiedete un tavolo e ordinate in base al menu del punto 5.

7. Indovina chi viene a cena

A gruppi di quattro. Volete invitare il / la vostro / a insegnante a cena: quali piatti sapete cucinare? Scrivete il menu che volete preparare. Confrontate poi in plenum e scegliete quello che vi sembra più adatto.

Esempio:
Io so cucinare la pasta alla carbonara, e tu?

1. Chiedere informazioni in un hotel

1. *La camera è tranquilla?*

2. ______________________

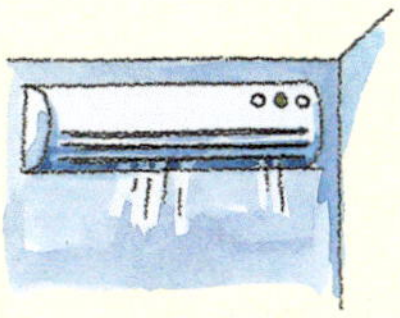

3. ______________________

4. ______________________

5. ______________________

6. ______________________

2. Collocare nello spazio

Dov'è la valigia?

1. ______________________

2. ______________________

3. ______________________

4. ______________________

5. ______________________

6. ______________________

3. Al ristorante

1. chiedere un tavolo:
   Un tavolo per due persone!
2. chiamare il cameriere:
   ____
3. chiedere se c'è un ingrediente particolare in un piatto:
   ____
4. chiedere se un piatto è accompagnato da qualcosa:
   ____
5. chiedere com'è fatto un piatto:
   ____
6. dire che cosa si prende:
   ____
7. chiedere il conto:
   ____

4 In un'altra città

1.

2.

3.

Attiviamo!
- → eine Stadt beschreiben
- → nach dem Weg fragen und den Weg erklären
- → körperliche Beschwerden erläutern
- → über das Wetter reden

Grammatica:
- → Ortsangaben
- → «c'è / ci sono»

Lessico:
- → städtische Gebäude und Einrichtungen
- → Körperteile
- → Medikamente
- → Wetter

Intermezzo

A coppie. Consigliate un hotel al vostro compagno: dite dov'è, descrivetelo e raccontate perché lo consigliate.

A Scusi, un'informazione!

1. Ma che bella città!

a. Leggete il seguente post preso da un sito Internet.
A quale città di pagina 30 si riferisce e perché? Parlatene con un compagno.

Messaggi

26 settembre **Davide**

Non solo centro industriale ma bellissima città d'arte! Da visitare: il Museo Egizio, il Parco del Valentino (dove potete anche fare un giro sul battello) con il Castello, la Fontana delle 4 Stagioni e tanti altri monumenti! La sera vi consiglio di andare su a Superga dove potete ammirare la città sotto la collina, un posto molto romantico dove vanno gli innamorati. In centro potete trovare molti fast food, ristoranti, pizzerie. Per gli amanti del cinema ci sono anche diversi cinema e per dormire hotel dove trovate una camera matrimoniale per 50 €. Se fate una vacanza un po' più lunga, per gli amanti dello sci ci sono le montagne vicinissime, per chi ama il mare in due orette ci arrivate. Per chi non ha la macchina non c'è problema: ci sono treni, tram e pullman: la città è ben fornita di mezzi pubblici.

b. Leggete il testo ancora una volta e sottolineate le parole utili per descrivere una città.
Ne conoscete altre? Completate lo schema qui sotto e confrontate poi in plenum.

natura: *fiume* ______ ______ ______ ______ ______

strutture / monumenti: *aeroporto* ______ ______ ______ ______ ______

c. A gruppi di tre. Pensate a una città che conoscete e descrivetela senza dire il nome.
Gli altri provano a indovinare di quale città si tratta.

Esempio:
In questa città c'è il museo della Fiat,
ci sono le montagne vicine...

c'è + Singular
ci sono + Plural
→ S. 60

2. A destra o a sinistra?

a. Scrivete sotto i disegni le espressioni corrispondenti. Usate le parole dei riquadri (in alcuni casi sono possibili diverse combinazioni). Confrontate in plenum.

girare	attraversare	arrivare
tornare	~~andare~~	

indietro	~~dritto~~	a sinistra
a destra	la piazza	al semaforo
all'incrocio	la strada	~~avanti~~

1. andare avanti / dritto

2. ______________

3. ______________

4. ______________

5. ______________

6. ______________

7. ______________

8. ______________

▶ 7 b. Ascoltate il dialogo e segnate le espressioni del punto 2a che sentite.

c. Ascoltate ancora una volta: che cosa cerca la signora?

▶ 8 d. Ascoltate e verificate.

3. Cosa si dice per...

Quali delle espressioni qui sotto usate nelle seguenti situazioni?

È lontana la farmacia?

C'è una farmacia qui vicino?

Dov'è la Farmacia Centrale?

Senta, scusi!

Volete fermare un passante: ______________________
Cercate una farmacia: ______________________
Cercate una farmacia in particolare: ______________________
Chiedete se la farmacia è lontana: ______________________

4. Senta, scusi!

A coppie. A guarda la piantina del punto 2c a pagina 32 e B quella qui sotto. Leggete le indicazioni sui foglietti in basso: A cerca una cosa e B spiega come raggiungerla e viceversa.

A: Sei in una città italiana, fermi un passante.

Cerchi:

1. un supermercato
2. la stazione
3. il museo di storia naturale
4. la chiesa di San Benedetto

B: Sei in una città italiana, fermi un passante.

Cerchi:

1. la fermata dell'autobus
2. un'edicola
3. una banca
4. la posta

B Che tempo!

5. Un corpo da dio

a. A coppie. Completate la foto con le parole seguenti.

testa | ginocchio | piede | mano | gamba | pancia | braccio | schiena

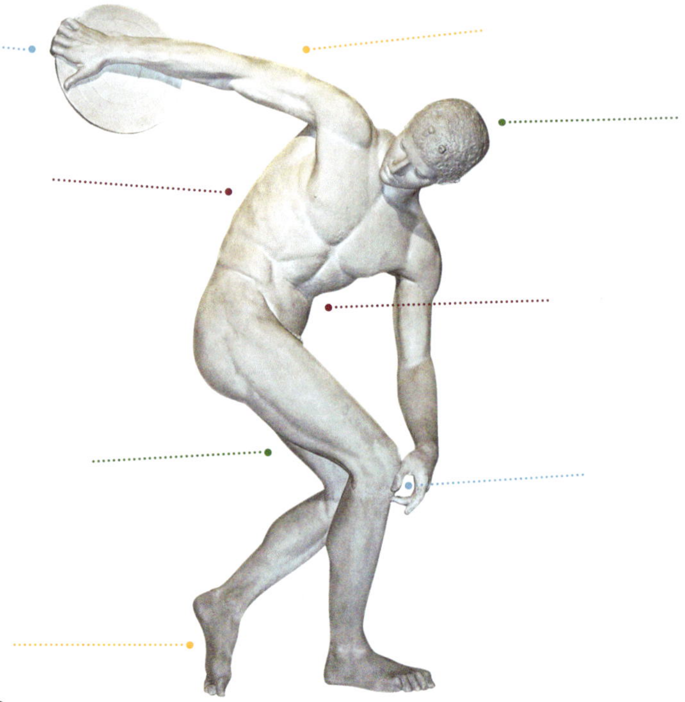

b. Conoscete i nomi di altre parti del corpo? Aggiungetele alla fotografia e poi confrontate in plenum.

6. Tra moglie e marito…

9

a. Ascoltate il dialogo e segnate nella foto del punto 5 le parti del corpo che sentite.

b. Ascoltate un'altra volta: che disturbi ha Francesco?

- ○ Ha mal di denti.
- ○ Ha mal di stomaco.
- ○ Ha la tosse.
- ○ Ha la febbre.
- ○ Ha mal di testa.
- ○ Ha mal di schiena.
- ○ Ha mal di gola.
- ○ Gli fanno male le gambe.
- ○ Ha mal di pancia.
- ○ Ha il raffreddore.

c. Ascoltate ancora una volta e rispondete alle seguenti domande.

1. Secondo Paola che cosa ha Francesco? ______________________
2. E qual è la causa dei problemi di Francesco? ______________________

7. Oddio, che hai?

A gruppi di tre. Uno di voi mima i problemi del punto 6b, gli altri due indovinano di quali problemi si tratta. Vince chi indovina di più.

Esempio:

Hai mal di stomaco!

Sì!

Hai mal di pancia!

No!

8. In farmacia

a. A coppie. Scrivete le parole sotto i disegni. Confrontate poi in plenum.

1. ____________

2. ____________

3. ____________

4. ____________

5. ____________

gocce | pastiglie | pomata | bustina | sciroppo

b. Guardate le vignette e scrivete la parte del cliente. Scegliete poi la frase adatta del farmacista che trovate sotto. Poi con un compagno leggete le vignette: uno è il farmacista, uno il cliente.

1.

2.

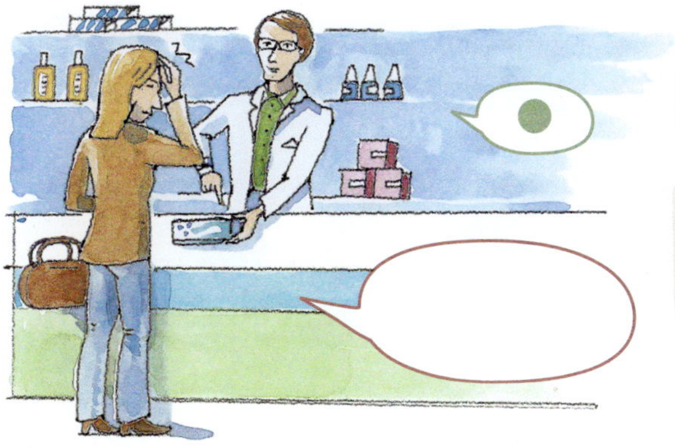

3.

1. Deve prendere queste pastiglie, una dopo i pasti, al massimo tre al giorno.

2. Deve mettere questa pomata e se il dolore non passa, deve andare da un medico.

3. Deve prendere questo sciroppo: un cucchiaio ogni sei ore.

9. Con questo tempo…

a. A coppie. Scrivete sotto i disegni la risposta giusta.
Attenzione: ci sono due risposte in più. Confrontate poi in plenum.

Che tempo fa?

C'è il sole. C'è la nebbia. C'è (il) vento.
Piove. Nevica. Fa caldo. Fa freddo.
È nuvolo / nuvoloso.

1. ____________

2. ____________

3. ____________

4. ____________

5. ____________

6. ____________

b. Con un altro compagno.
A guarda la cartina qui a destra,
B la cartina a pagina 54.
Chiedete che tempo fa
nelle città senza simbolo.

Esempio:
♠ Che tempo fa a Cagliari?
♣ È nuvoloso ma fa caldo, ci sono 25 gradi.

10. La città ideale

A gruppi di tre. Insieme scegliete una città (può essere in ogni parte del mondo) che vi piace particolarmente per le bellezze architettoniche, la natura, il tempo. Riferite in plenum perché avete scelto questa città. Poi votate: qual è la città vincente?

1. Come si dice?

1. *girare a destra*

2. ______

3. ______

4. ______

5. ______

6. ______

2. Cosa chiedono queste persone?

1. *Senta scusi, dov'è la pinacoteca?*

2. ______

3. ______

4. ______

3. Il tempo

Guardate la cartina e rispondete alle domande.

Che tempo fa a…

Roma? *C'è il sole.*

Bolzano? ______

Napoli? ______

Palermo? ______

Bologna? ______

Firenze? ______

5 Acquisti

Intermezzo

A coppie. Dopo il corso il vostro compagno vuole andare a cena fuori: voi gli consigliate un ristorante e gli spiegate come arrivarci.

Attiviamo!
- → Einkaufen
- → über Essgewohnheiten sprechen
- → Shopping

Grammatica:
- → Teilungsartikel
- → direkte Objektpronomen («lo», «la», «li», «le»)

Lessico:
- → Lebensmittel
- → Geschäfte
- → Gewichte und Mengenangaben
- → Kleidung und Accessoires
- → Farben und Materialien

A La spesa

1. Dal fruttivendolo

a. A gruppi di tre. Scrivete il nome della frutta e della verdura che riconoscete nella foto a pagina 38. Avete due minuti di tempo. Confrontate poi in plenum: vince il gruppo che ha scritto più parole.

Frutta

Verdura

10 b. Ascoltate il dialogo: segnate nella lista della spesa gli alimenti che compra la signora e scrivete le quantità.

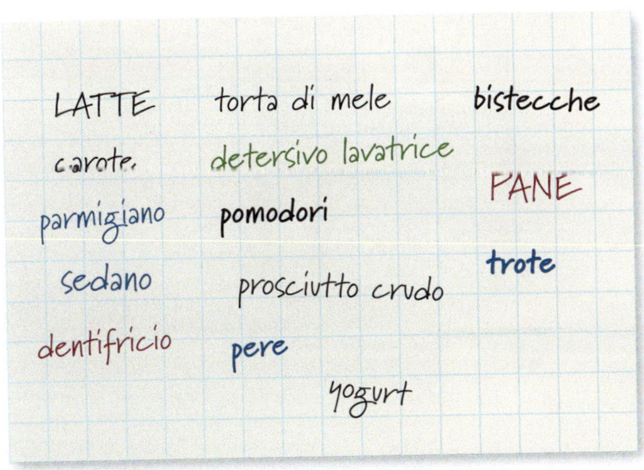

c. Leggete ancora la lista. La signora va anche in altri negozi a fare la spesa. Scrivete le cose della lista che rimangono da comprare nelle nuvolette giuste.

panetteria ____________

pasticceria ____________

supermercato ____________ ____________ ____________ ____________ ____________ ____________

pescivendolo ____________

macelleria ____________

2. Che alimento è?

A gruppi di quattro. Una persona descrive un alimento (senza dire il nome), gli altri devono indovinare che alimento è.

Esempio:

♠ Puoi comprare questo alimento dal fruttivendolo, in estate o anche in primavera. È piccolo, rosso...
♣ Sono le ciliegie?
♠ No!
♦ Sono le fragole?
♠ Giusto!

- rosso
- verde
- giallo
- marrone
- arancione

3. Facciamo la spesa!

a. A coppie. Completate il dialogo in basso con le seguenti battute.

Sedano, carote, ...altro?
Ne prendo un chilo.
No, basta così. Quant'è?
Ma come sono... sono mature?
Vorrei dei pomodori.
Poi?
No, no, da insalata.

Signora	Fruttivendolo
♠ Buongiorno!	♣ Buongiorno. Mi dica!
♠ ____________	♣ Da sugo o...
♠ ____________	♣ Questi vanno bene?
♠ Sì, non sono troppo maturi, no?	♣ No, no, questi sono ancora belli sodi...
♠ Ah, va bene... un chilo.	♣ ____________
♠ Del sedano... e mezzo chilo di carote.	♣ ____________
♠ Sì, vorrei delle pere.	♣ Vanno bene le Abate?
♠ ____________	♣ Sì, sì, sono belle mature. Quante ne vuole?
♠ ____________	♣ Altro?
♠ ____________	♣ Sono 5 e 49.

dei pomodori, **del** sedano, **delle** pere → **di** + articolo
→ S. 57

10 b. Ascoltate il dialogo un'altra volta e verificate. Confrontate poi in plenum.

4. Oggi cucino io!

a. A gruppi di tre. Volete fare un invito e avete deciso di cucinare il menu qui a destra. Pensate agli ingredienti che vi possono servire per cucinare (siete in quattro a cena) e scrivete la lista della spesa; non dimenticate di scrivere anche le quantità. Poi confrontate in plenum.

b. A coppie. Siete dal fruttivendolo: uno è il fruttivendolo, l'altro compra la frutta e la verdura che ha nella lista della spesa.

c. A gruppi di quattro. Dove fate la spesa di solito? E quando?

Esempio: Io compro sempre la verdura al mercato il sabato perché è fresca e buona...

5. Sulla tavola degli italiani

a. Leggete il seguente articolo e completate la tabella con le informazioni mancanti. Confrontate poi con un compagno.

Sulla tavola degli italiani

Se consideriamo 7 i pranzi in una settimana, sulla tavola degli italiani la frutta, il pane e la verdura sono presenti 5 volte, la pasta 4,6 volte, la carne 3 volte, mentre il dolce è sulla tavola per 2 pranzi a settimana, come il riso e il pesce. Tra le bevande, invece, il vino è presente in poco meno di 3 pranzi settimanali, le bevande gassate meno di 2 volte, la birra poco più di una volta alla settimana.
Le cene hanno caratteristiche non molto diverse dai pranzi, perché per 5 volte alla settimana gli italiani dichiarano di mettere in tavola la verdura, la frutta e il pane; meno presenti sono la carne (2,8 volte su 7), la pasta (2,5), il pesce (meno di 2 volte), il dolce (anche questo meno di 2 volte) e il riso (1,6 volte). Vino, bevande gassate e birra sono presenti con la stessa intensità che a pranzo.

(adattato da: Primo Rapporto Censis/Coldiretti sulle abitudini alimentari degli italiani, 2010)

	a pranzo	a cena
frutta, pane, verdura		
pasta		
	3 volte	
riso		
pesce		
	2 volte	< 2 volte
vino		
	< 2 volte	
birra		> 1 volta

b. A gruppi di tre. Come sono le vostre abitudini a tavola? Cosa mangiate spesso e cosa non mangiate mai? Riportate poi i risultati in plenum e fate una statistica.

B In giro per negozi

6. Ai grandi magazzini

a. Scrivete le seguenti parole sotto le foto.

calzature | abbigliamento | intimo | profumeria

1. ______________

2. ______________ 3. ______________ 4. ______________

b. A coppie. Che cosa potete comprare nei reparti delle foto? Fate una lista, avete tre minuti di tempo. Chi ha la lista più lunga?

c. A coppie. Leggete le definizioni: abbinatele ai capi di abbigliamento e agli accessori delle fotografie e completate con i colori. Confrontate poi in plenum.

una camicia bianca, verde, blu

→ S. 58

pantaloni ________ di cotone in tinta unita

scarpe ________ con il tacco alto

cintura ________ di pelle

maglione dolcevita ________ di lana

camicia di cotone a strisce

vestito di seta fantasia

borsa ________ di pelle

piumino ________ in tessuto impermeabile di vera piuma d'oca

gonna ________ di lana

7. Facciamo la valigia!

a. A coppie. Andate insieme in vacanza in uno dei posti seguenti, rimanete un fine settimana. Avete una sola valigia. Che cosa portate?

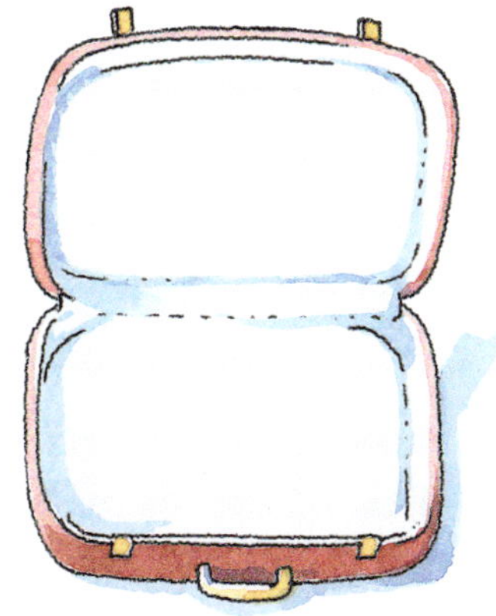

b. Raccontate in plenum che cosa avete nella valigia. Gli altri devono indovinare dove andate.

8. Io e lo shopping

Rispondete alle seguenti domande e cercate poi tra i compagni quello che ha le abitudini più simili alle vostre.

1. Dove preferisci fare acquisti?
   - ○ ai grandi magazzini
   - ○ negli outlet
   - ○ nelle boutique
   - ○ in Internet

2. Quante volte all'anno fai acquisti?
   - ○ più di 10 volte
   - ○ tra 5 e 10 volte
   - ○ meno di 5 volte

3. Quando compri un capo d'abbigliamento che cosa è più importante per te?
   - ○ la marca
   - ○ la qualità
   - ○ il prezzo

4. Con chi preferisci fare acquisti?
   - ○ con il tuo/la tua partner
   - ○ con un amico/un'amica
   - ○ da solo/-a

9. Tra moglie e marito...

11

a. Ascoltate il dialogo: dove sono Paola e Francesco?

b. Ascoltate il dialogo ancora una volta e rispondete alle seguenti domande. Confrontate poi in plenum.

Paola...

1. ...nomina due cose del punto 6c, quali? ____________________
2. ...che cosa prova? ____________________
3. ...che taglia ha? ____________________
4. Quanto costa la cosa che prova? ____________________

c. A coppie. Leggete le seguenti coppie di frasi e scegliete quella giusta. Poi ascoltate e controllate.

1. Paola:
   - ○ Vorrei vedere le scarpe che sono in vetrina.
   - ○ Ho visto una gonna in vetrina.
2. Commessa:
   - ○ Che numero porta?
   - ○ Che taglia porta?
3. Paola:
   - ○ Il 42.
   - ○ La 42.
4. Paola:
   - ○ Posso provarla?
   - ○ Posso provarli?
5. Francesco:
   - ○ Quanto vengono?
   - ○ Quanto costa?
6. Commessa:
   - ○ Allora, come va?
   - ○ Allora, come vanno?
7. Paola:
   - ○ Bene! La prendo.
   - ○ Bene! Li prendo.

il pullover → **lo** posso provare/posso provar**lo**
la gonna → **la** posso provare/posso provar**la**
i pantaloni → **li** posso provare/posso provar**li**
le scarpe → **le** posso provare/posso provar**le**
→ S. 64

d. Conoscete altre espressioni per fare acquisti? Parlatene con un compagno e poi in plenum.

10. Che fortuna!

A coppie. A una lotteria avete vinto un buono di 500 € da spendere in un grande magazzino. A è il/la cliente, B il commesso/la commessa. Scambiatevi poi i ruoli.

A: Scegli i capi che ti piacciono e che vuoi comprare.

B: Pensa ai prezzi e alle taglie disponibili dei capi in vetrina e servi il/la cliente.

1. Fare la spesa al mercato

Scrivete il dialogo nelle nuvolette in base alla lista della spesa.

pomodori 500g
patate 2 kg
mele 1 kg

1.

2.

3.

4.

5.

6. Altro?

7.

8.

2. In un negozio di abbigliamento

Scrivete le frasi che dice la cliente.

Cliente	Commessa
1. ______________________	2. Sì, che taglia porta?
3. ______________________	4. Ecco a Lei.
5. ______________________	6. Sì, certo. Lì c'è la cabina. ... Come vanno?
7. ______________________	8. 128 euro.
9. ______________________	

6 In vacanza

Attiviamo!
- → Vorlieben und Bedürfnisse zum Thema Urlaub ausdrücken
- → über vergangene Ereignisse sprechen
- → einen Urlaub planen

Grammatica:
- → das «passato prossimo»
- → Zeitangaben in der Vergangenheit
- → die doppelte Verneinung

Lessico:
- → Urlaubsarten und -aktivitäten
- → Wohnung und Möbel

Intermezzo
A gruppi di quattro. A turno uno di voi descrive l'abbigliamento di un compagno della classe senza dire il nome. Gli altri indovinano chi è.

A Che vacanze!

1. Cosa fai in vacanza?

a. A coppie. Guardate le fotografie di pagina 46. Che cosa si può fare nei posti di vacanza delle foto? Scrivete le seguenti espressioni accanto alle nuvolette. Sono possibili più combinazioni. Confrontate poi in plenum. Ci sono altre cose che si possono fare? Aggiungetele alle nuvolette.

visitare il centro storico | fare escursioni | prendere il sole | sciare | fare il bagno | visitare musei | nuotare | fare camminate ad alta quota | fare windsurf | andare in bicicletta | fare snorkeling

al mare ______

in montagna ______

in una città d'arte ______

b. A coppie, con un altro compagno. Normalmente dove preferite andare in vacanza? E che cosa vi piace fare?

2. Sei già stata in vacanza?

12

andare → andato
avere → avuto
partire → partito
→ S. 63

a. Ascoltate il dialogo. Dove ha passato le vacanze Isabella e per quanti giorni?

b. Ascoltate il dialogo un'altra volta e segnate le frasi giuste. Confrontate poi in plenum.

Isabella	Beppe	i bambini
○ è partita alla fine di giugno	○ è partito alla fine di giugno	○ sono partiti alla fine di giugno
○ è partita all'inizio di luglio	○ è partito all'inizio di luglio	○ sono partiti all'inizio di luglio
○ ha fatto molti bagni	○ ha fatto molti bagni	○ hanno fatto molti bagni
○ ha fatto windsurf	○ ha fatto windsurf	○ hanno fatto windsurf
○ ha letto molto	○ ha letto molto	○ hanno letto molto
○ ha giocato con i bambini	○ ha giocato con i bambini	○ hanno giocato

3. Dove hanno passato le vacanze?

> Isabella **è** partit**a**.
> Beppe **è** partit**o**.
> I bambini **sono** partit**i**.
> Le bambine **sono** partit**e**.
>
> → S. 64

a. A coppie. Scegliete una fotografia e immaginate come hanno passato le vacanze le persone. Scrivete un breve testo con le espressioni a destra.

Alba e Giulio   Tiziana e Vanessa

- passare le vacanze al mare / in montagna / al lago
- partire il...
- tornare il...
- andare in vacanza con tutta la famiglia / con un amico / con un'amica
- giocare con i bambini
- visitare musei
- mangiare in ristoranti tipici
- avere tempo di leggere

b. Cercate una coppia che ha lavorato con la stessa fotografia e confrontate. Avete immaginato la stessa vacanza?

4. La mia vacanza più bella...

> due anni fa
> l'anno scorso
> la settimana scorsa

a. Scegliete le immagini più adatte per i seguenti post. Confrontate poi con un compagno.

1. 2. 3. 4. 5.

Messaggi

3 settembre **Carmela**

Con il mio ragazzo l'anno scorso siamo andati in Germania: è stato un viaggio veramente unico! Abbiamo visto il castello di Neuschwanstein (avete presente il castello della Disney? Magnifico!). Poi siamo andati nella Foresta Nera e ci siamo rimasti quattro giorni: abbiamo fatto passeggiate bellissime. Alla fine abbiamo visitato Rothenburg: un sogno!

9 settembre **Renato**

Abbiamo passato una bellissima settimana in un agriturismo toscano proprio nel periodo di Ferragosto! È stata una settimana di puro relax: non abbiamo fatto niente di speciale, ma siamo stati benissimo! Abbiamo potuto portare anche il nostro cane: un agriturismo perfetto!

18 settembre **Wanda**

Per me la vacanza più bella è stata al mare, in Sardegna, due anni fa: spiagge bellissime, acqua turchese, cibo buonissimo! Ho fatto molti bagni, ho preso il sole, ho letto tantissimo e ho mangiato da dio!

b. Cercate nei post del punto a le forme del passato prossimo dei seguenti verbi. Confrontate poi con un compagno.

essere:		vedere:	
rimanere:		fare:	
prendere:		leggere:	

Non abbiamo fatto niente di speciale.
→ S. 61

5. E tu, che hai fatto?

a. A coppie. Preparate una serie di domande da fare a un compagno sul tema «una delle vacanze più belle». Usate le espressioni qui sotto.

Dove...? Con chi...? Quando...? Cosa...? Quanto tempo...?

andare partire rimanere fare passare stare visitare vedere essere mangiare

b. Adesso fate le domande a un compagno diverso da quello del punto a.

c. Riferite poi in plenum. Quale posto e tipo di vacanza ha vinto?

B Affittiamo un appartamento!

6. Arrediamo!

a. Guardate la piantina e completatela con le parole che trovate sotto.

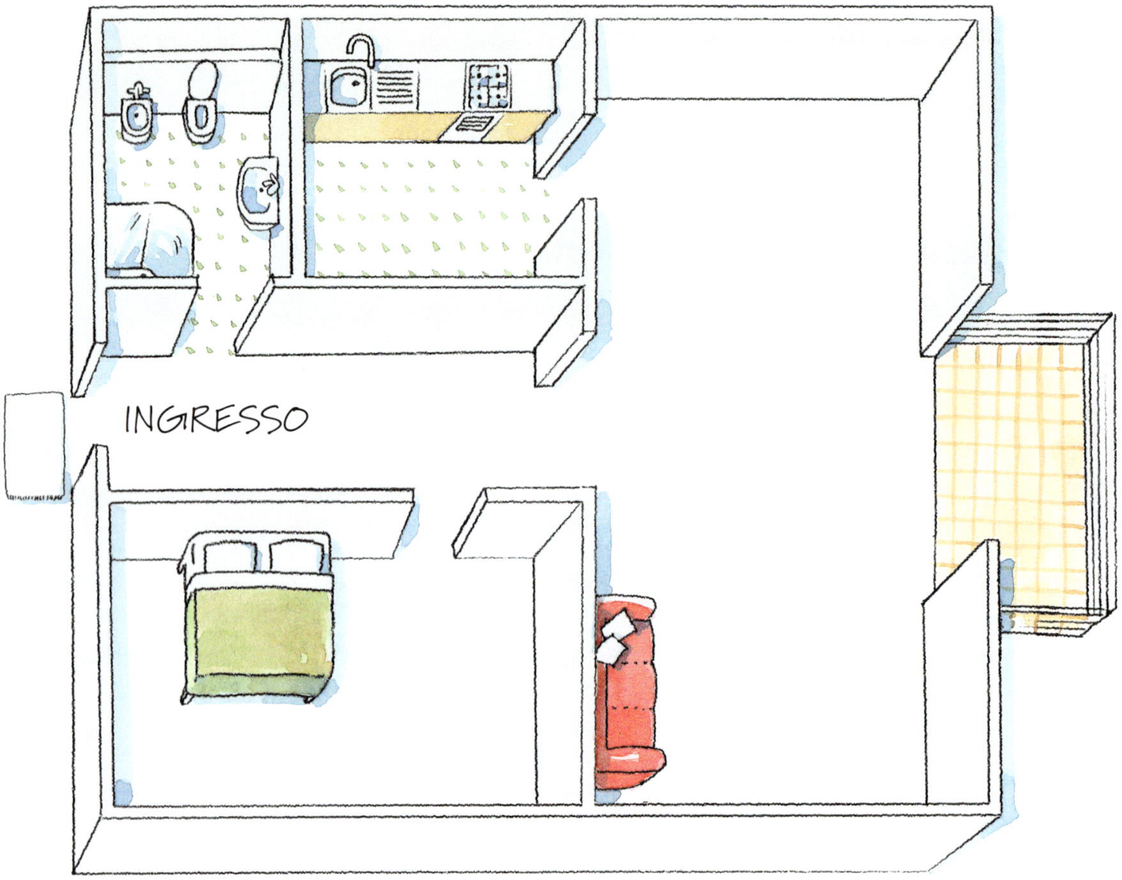

soggiorno | camera da letto | bagno | cucina | balcone

b. A coppie. Fate una lista di mobili ed elettrodomestici che conoscete. In quali stanze dell'appartamento li mettete? Confrontate poi in plenum.

7. Tra moglie e marito...

13

a. Ascoltate il dialogo. Di che cosa parlano Paola e Francesco? Che cosa vuole fare Paola? E Francesco?

b. Ascoltate il dialogo ancora una volta e rispondete alle domande a pagina 51. Confrontate poi in plenum.

1. Guardate le piantine: di quale appartamento si parla nel dialogo?

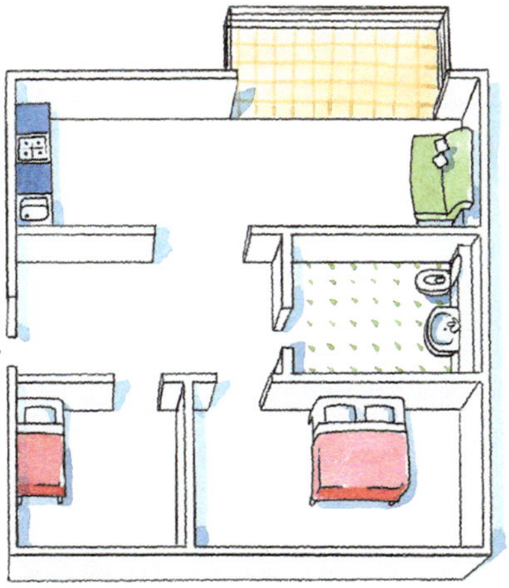

○ 1.

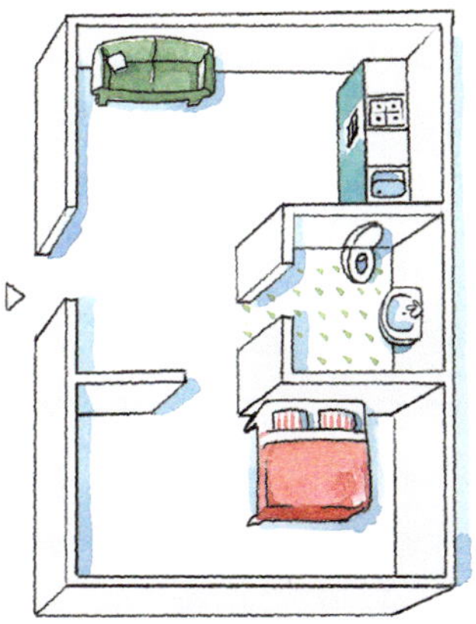

○ 2.

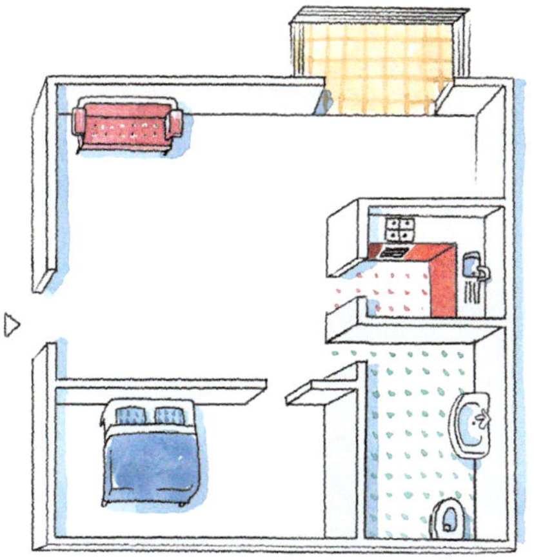

○ 3.

2. L'appartamento del dialogo ha:
- ○ il balcone
- ○ la lavatrice
- ○ la lavastoviglie
- ○ l'ascensore

3. Per Francesco in vacanza è importante:
- ○ alzarsi presto
- ○ essere liberi di fare quello che si vuole
- ○ non spendere troppo
- ○ vestirsi elegantemente
- ○ rilassarsi
- ○ provare ristoranti diversi

c. A gruppi di tre. E per voi che cosa è importante in vacanza?

8. Tutti al mare!

a. Leggete i seguenti annunci immobiliari. Quale annuncio descrive l'appartamento del dialogo? Perché? Parlatene con un compagno.

Annunci

1. SILVI MARINA (ABRUZZO)

Appartamento composto da ampio ingresso, soggiorno con angolo cottura, camera matrimoniale e cameretta, bagno, balcone con vista sul mare, posto auto riservato, con la possibilità di usufruire di lavanderia.

2. GIULIANOVA (ABRUZZO)

Appartamento a 50 mt. dal mare, composto da soggiorno, cucina, camera matrimoniale, bagno, balcone e parcheggio auto coperto. Dotazione: stoviglie, aria condizionata e lavatrice. Pulizia finale inclusa nel prezzo.

3. FRANCAVILLA A MARE (ABRUZZO)

Bilocale composto da soggiorno con angolo cottura, camera da letto matrimoniale, bagno dotato di doccia e areatore, aria condizionata a richiesta. Dotazione: biancheria.

monolocale = una stanza
bilocale = due stanze
trilocale = tre stanze

b. Con un altro compagno. Volete andare in vacanza in Italia in un appartamento: quale tipologia di appartamento vi piace di più o è più adatta a voi? Pensate al numero di stanze e alle cose che ci devono essere.

9. Vacanze insieme?

a. Scrivete sotto ogni fotografia le definizioni.

1. ______________

2. ______________

3. ______________

4. ______________

5. ______________

- vacanze in agriturismo
- vacanze in campeggio
- vacanze al mare
- viaggio organizzato
- vacanze in un villaggio turistico

b. A gruppi di tre. Quale tipo di vacanza del punto a avete già fatto? Avete voglia di provare qualcosa di diverso?

Esempio: Io sono già stato/-a in campeggio, ma non sono mai stato/-a…

c. Adesso volete andare in vacanza insieme. Stabilite dove e quando volete andare e che tipo di vacanza volete fare. Riferite poi in plenum.

1. Che cosa si fa in vacanza?

Scrivete delle espressioni partendo dai verbi delle nuvolette.

fare — *camminate ad alta quota*

visitare

prendere

andare

2. Raccontare una vacanza

Partecipate al forum «Che vacanza!» e scrivete il vostro intervento.

Messaggi

3. La casa

Disegnate la vostra casa o il vostro appartamento ideale. Scrivete il nome delle stanze e dei mobili.

9. Con questo tempo…

b. Con un altro compagno. A guarda la cartina a pagina 36, B la cartina qui sotto. Chiedete che tempo fa nelle città senza simbolo.

Esempio:

♣ Che tempo fa a Trento?

♠ Piove e fa freddo,
ci sono 6 gradi.

Grammatikübersicht

Die nachfolgende Übersicht gibt Ihnen einen Überblick über die in Intermezzo Italienisch A1 auftretenden Grammatikthemen. Sie soll Ihnen als Nachschlagehilfe bei offenen Fragen oder zur Wiederholung dienen. Die bewusst knapp gehaltenen gelben Grammatikkästen in den Lektionen verweisen auf die ausführliche Darstellung des jeweiligen Themas in dieser Grammatikübersicht.

Verwendete Abkürzungen: m. = männlich / w. = weiblich

1. Das Substantiv

1.1 Singular

Substantive sind im Italienischen entweder männlich oder weiblich. Sie haben in der Regel folgende Endungen: -o (männlich), -a (weiblich), -e (männlich oder weiblich).

	Endungen Singular	
männlich	-o	gruppo
weiblich	-a	lingua
männlich oder **weiblich**	-e	nome torre

1.2 Plural

Männliche Substantive auf -o bilden den Plural in der Regel auf -i.
Weibliche Substantive auf -a bilden den Plural in der Regel auf -e.
Männliche oder weibliche Substantive auf -e bilden den Plural in der Regel auf -i.

	Singular	Plural
männlich	gruppo	gruppi
weiblich	lingua	lingue
männlich oder **weiblich**	nome torre	nomi torri

1.3 Besonderheiten

- Substantive, die mit einem Konsonanten enden (meistens Fremdwörter), sind in der Regel männlich. Sie bleiben im Plural unverändert.
- Männliche oder weibliche Substantive mit Akzent auf der letzten Silbe bleiben im Plural unverändert.
- Substantive mit Endung auf -ista sind sowohl männlich als auch weiblich. Sie enden im Plural auf -i (männlich) bzw. auf -e (weiblich).

Singular	Plural
bar (m.) caffè (m.) città (w.) turista (m./w.)	bar caffè città turisti (m.) / turiste (w.)

2. Der bestimmte Artikel

Die Formen des bestimmten Artikels hängen vom Geschlecht und vom Anfangsbuchstaben des nachfolgenden Substantivs ab.

		Singular	Plural
männlich	vor Konsonant	il gruppo	i gruppi
	vor Vokal	l'albero	gli alberi
	vor s + Konsonant	lo studente	gli studenti
	vor z	lo zucchero	gli zuccheri
	vor ps	lo psicologo	gli psicologi
	vor gn	lo gnocco	gli gnocchi
	vor y	lo yogurt	gli yogurt
weiblich	vor Konsonant	la lingua	le lingue
	vor Vokal	l'amica	le amiche

3. Der unbestimmte Artikel

Die Formen des unbestimmten Artikels hängen vom Geschlecht und vom Anfangsbuchstaben des nachfolgenden Substantivs ab.

männlich	vor Konsonant	un gruppo
	vor Vokal	un albero
	vor s + Konsonant	uno studente
	vor z	uno zio
	vor ps	uno psicologo
	vor gn	uno gnocco
	vor y	uno yogurt
weiblich	vor Konsonant	una lingua
	vor Vokal	un'amica

4. Der Teilungsartikel

Mit dem Teilungsartikel drückt man eine unbestimmte Menge aus (etwas, ein wenig von, einige). Er wird mit der Präposition di und dem bestimmten Artikel gebildet.

Vorrei del pane.	Ich möchte etwas Brot.
Devo comprare dei pomodori.	Ich muss Tomaten kaufen.
Ho comprato delle arance.	Ich habe einige Orangen gekauft.

5. Das Adjektiv

5.1 Singular

Adjektive richten sich in Geschlecht und Zahl nach den Substantiven, auf die sie sich beziehen. Es gibt zwei Gruppen von Adjektiven:

- Adjektive, die im Singular die Endung -o für die männliche Form und die Endung -a für die weibliche Form haben.
- Adjektive mit der Endung -e für beide Geschlechter.

männlich Singular	weiblich Singular
il ragazzo italiano il ragazzo francese	la ragazza italiana la ragazza francese

5.2 Plural

Adjektive mit Endung auf -o bilden den Plural auf -i.
Adjektive mit Endung auf -a bilden den Plural auf -e.
Adjektive mit Endung auf -e bilden den Plural auf -i.

	Singular	Plural
männlich	il ragazzo italiano	i ragazzi italiani
weiblich	la ragazza italiana	le ragazze italiane
männlich oder **weiblich**	il ragazzo francese la ragazza francese	i ragazzi francesi le ragazze francesi

5.3 Farbadjektive

Farben verhalten sich wie normale Adjektive. Sie werden an das Bezugswort in Geschlecht und Zahl angeglichen. Einige Formen sind jedoch unveränderlich: z. B. blu, rosa, viola, beige.

il maglione bianco, i pantaloni rossi
(der weiße Pullover, die rote Hose)

la gonna verde, le scarpe nere
(der grüne Rock, die schwarzen Schuhe)

la camicia blu
(das blaue Hemd)

i jeans viola
(die violette Jeans)

6. Die Fragewörter

Fragewörter werden gebraucht, um Fragen zu stellen.

Chi?	Wer? / Wen?
Che cosa? / Cosa?	Was?
Che + Substantiv?	Was? / Welcher, -e, -es?
Come?	Wie?

Perché?	Warum?
Dove?	Wo? / Wohin?
Di dove?	Woher?
Quando?	Wann?
Quale? (Singular) Quali? (Plural)	Welcher, -e, es? / Was für ein(e)? Welche?
Quanto? / Quanta? (Singular) Quanti? / Quante? (Plural)	Wie viel? Wie viele?

Chi conosci nel corso?	Wen kennst du aus dem Kurs?
Che cosa fai il fine settimana?	Was machst du am Wochenende?
Che lingue parli?	Welche Sprachen sprichst du?
Come ti chiami?	Wie heißt du?
Perché studi l'italiano?	Warum lernst du Italienisch?
Dove abiti?	Wo wohnst du?
Di dove sei?	Woher bist du?
Quando parti per le vacanze?	Wann fährst du in die Ferien?
Quale città italiana ti piace di più?	Welche italienische Stadt gefällt dir am besten?
Quali negozi ci sono in questa città?	Was für Geschäfte gibt es in dieser Stadt?
Quanto costa?	Wie viel kostet es?
Quanti chili di pomodori vuole?	Wie viele Kilo Tomaten wollen Sie?

7. Das Verb (I): Der Indikativ Präsens

Je nach Infinitivendung werden die Verben in drei Konjugationen unterteilt:

1. Konjugation: Endung -are → abitare
2. Konjugation: Endung -ere → vivere
3. Konjugation: Endung -ire → partire (+ Untergruppe mit -isc- Erweiterung)

7.1 Regelmäßige Verben

	-are	-ere	-ire	-ire (-isc-)
	abitare	prendere	partire	preferire
(io)	abito	prendo	parto	preferisco
(tu)	abiti	prendi	parti	preferisci
(lui, lei, Lei)	abita	prende	parte	preferisce
(noi)	abitiamo	prendiamo	partiamo	preferiamo
(voi)	abitate	prendete	partite	preferite
(loro)	abitano	prendono	partono	preferiscono

Die unterstrichenen Vokale geben die Betonung an.

Die Endungen machen deutlich, wer handelt. Deshalb werden die Subjektpronomen (io, tu, …) meist weggelassen.

7.2 Verben auf *-care* und *-gare*

Bei den Verben auf -care und -gare (z. B. cercare, pagare) wird ein -h- vor der Endung der 2. Person Singular *tu* (cerchi, paghi) und der 1. Person Plural *noi* (cerchiamo, paghiamo) eingeschoben.

7.3 Modalverben

Die Modalverben dovere (müssen, sollen), potere (können, dürfen) und volere (wollen) sind unregelmäßige Verben und werden in der Regel von einem Verb im Infinitiv begleitet.

Paola deve disdire l'appuntamento. Paola muss den Termin absagen.

	dovere	potere	volere
(io)	devo	posso	voglio
(tu)	devi	puoi	vuoi
(lui, lei, Lei)	deve	può	vuole
(noi)	dobbiamo	possiamo	vogliamo
(voi)	dovete	potete	volete
(loro)	devono	possono	vogliono

7.4 Reflexive Verben

Die reflexiven Verben werden wie normale Verben konjugiert. Das jeweilige Reflexivpronomen (mi, ti, si, ci, vi, si) wird dem konjugierten Verb vorangestellt.

	alzarsi	mettersi	divertirsi
(io)	mi alzo	mi metto	mi diverto
(tu)	ti alzi	ti metti	ti diverti
(lui, lei, Lei)	si alza	si mette	si diverte
(noi)	ci alziamo	ci mettiamo	ci divertiamo
(voi)	vi alzate	vi mettete	vi divertite
(loro)	si alzano	si mettono	si divertono

- Die Verneinung non steht vor dem Reflexivpronomen:

  Non mi alzo presto. Ich stehe nicht früh auf.

- Steht ein Modalverb vor einem reflexiven Verb, dann steht das Reflexivpronomen vor dem Modalverb oder es wird an den Infinitiv angehängt:

  Mi devo alzare / Devo alzarmi presto. Ich muss früh aufstehen.

7.5 *Esserci*

Das Verb esserci entspricht dem Deutschen «geben» oder «da sein».
Die Formen lauten: c'è / ci sono.

- c'è + Substantiv im Singular: C'è una farmacia qui vicino? (Gibt es hier in der Nähe eine Apotheke?)
- ci sono + Substantiv im Plural: Ci sono diversi supermercati. (Es gibt mehrere Supermärkte.)

7.6 *Piacere*

Das Verb piacere (gefallen, schmecken, mögen) wird hauptsächlich in der 3. Person Singular und in der 3. Person Plural gebraucht.

- piace + Verb im Infinitiv: Mi piace leggere. (Ich lese gerne.)
- piace + Substantiv im Singular: Mi piace la pizza. (Ich mag Pizza.)
- piacciono + Substantiv im Plural: Mi piacciono le tagliatelle. (Mir schmecken Tagliatelle.)

8. Die Verneinung

Die Verneinung wird durch no (nein) oder non (nicht) ausgedrückt. Die Verneinung non steht immer vor dem konjugierten Verb:

Sei di Firenze? – No, sono di Roma.	Kommst du aus Florenz? – Nein, ich komme aus Rom.
Giorgio non è di Firenze.	Giorgio kommt nicht aus Florenz.

Bei Negationsausdrücken wie mai (nie, niemals), niente (nichts), nessuno (niemand) wird zusätzlich non vor das Verb gesetzt.

Non vado mai a teatro.	Ich gehe nie ins Theater.
Non abbiamo fatto niente di speciale.	Wir haben nichts Besonderes gemacht.

9. Die Präpositionen

Im Italienischen gibt es die folgenden einfachen Präpositionen: di, a, da, in, con, su, per, tra / fra. Jede Präposition kann in verschiedenen Zusammenhängen verschiedene Funktionen übernehmen.

Im Folgenden die Wichtigsten:

- di zur Angabe der Herkunft: Sono di Roma. (Ich bin aus Rom.)
- a + Stadt als Ortsangabe: Abito a Roma. (Ich wohne in Rom.)
- in + Land als Ortsangabe: Vivo in Italia. (Ich lebe in Italien.)
- da für die Zeitangabe «seit»: Vivo in Italia da due anni. (Ich lebe seit zwei Jahren in Italien.)
- da als Wiedergabe von «zu / bei» + Personen: Vado da mia madre. (Ich gehe zu meiner Mutter.)
- su als Ortsangabe: Il telefono è sul comodino. (Das Telefon ist auf dem Nachtkästchen.)
- per + Substantiv zur Angabe eines Grundes: Studio l'italiano per lavoro. (Ich lerne Italienisch für den Beruf.)
- per + Verb im Infinitiv als Wiedergabe von «um … zu»: Studio l'italiano per parlare con gli italiani. (Ich lerne Italienisch um mit Italienern zu sprechen.)

Die Präpositionen in, di, a, da, su verschmelzen mit dem bestimmten Artikel zu folgenden Formen:

	il	lo	l'	la	i	gli	le
in	nel	nello	nell'	nella	nei	negli	nelle
di	del	dello	dell'	della	dei	degli	delle
a	al	allo	all'	alla	ai	agli	alle
da	dal	dallo	dall'	dalla	dai	dagli	dalle
su	sul	sullo	sull'	sulla	sui	sugli	sulle

10. Zeitangaben

▶ Tageszeiten: Soll eine Gewohnheit ausgedrückt werden, so steht vor den Tageszeiten der bestimmte Artikel.

La mattina mi alzo alle 7.00. — Morgens stehe ich (immer) um 7.00 Uhr auf.
Il pomeriggio non lavoro. — Am Nachmittag arbeite ich nicht.
La sera esco spesso. — Abends gehe ich oft aus.

▶ Wochentage: Der Gebrauch des bestimmten Artikels vor den Wochentagen verändert die Bedeutung des Satzes.

Usciamo martedì? — Gehen wir nächsten Dienstag aus?
Il martedì vado sempre da mia madre. — Dienstags gehe ich immer zu meiner Mutter.

▶ Monate: Vor den Monaten stehen in der Regel die Präpositionen in oder a.

Sono nato in / a gennaio. — Ich bin im Januar geboren.
Vado in vacanza in / a luglio. — Im Juli fahre ich in die Ferien.

11. Die Possessivbegleiter

Die Possessivbegleiter richten sich in Geschlecht und Zahl nach ihrem Bezugswort (Ausnahme: loro ist unveränderlich). Sie werden in der Regel vom bestimmten Artikel begleitet.

	Singular		Plural	
männlich	il mio il tuo il suo il nostro il vostro il loro	amico	i miei i tuoi i suoi i nostri i vostri i loro	amici
weiblich	la mia la tua la sua la nostra la vostra la loro	amica	le mie le tue le sue le nostre le vostre le loro	amiche

Bei Verwandtschaftsbezeichnungen im Singular entfällt der bestimmte Artikel (Ausnahme: bei loro verwendet man den Artikel immer).

Singular	Plural
mio padre mia madre	i miei genitori
mia sorella	le mie sorelle
il loro padre la loro madre	i loro genitori

12. Adverbien der Häufigkeit

Die Adverbien der Häufigkeit geben an, wie oft man etwas macht: qualche volta (manchmal), mai (nie), spesso (oft), sempre (immer), raramente (selten). Sie können am Satzanfang bzw. vor oder nach dem Verb stehen. Mai und sempre stehen in der Regel nach dem Verb.

Raramente mi alzo presto la mattina. — Ich stehe selten früh auf.
A pranzo qualche volta bevo un bicchiere di vino. — Zum Mittagessen trinke ich manchmal ein Glas Wein.
Il pomeriggio faccio spesso un sonnellino. — Am Nachmittag mache ich oft ein Nickerchen.
La mattina non faccio mai colazione. — Morgens frühstücke ich nie.
Il martedì vado sempre in palestra. — Dienstags gehe ich immer ins Fitnessstudio.

13. Das Verb (II): Das *passato prossimo*

13.1 Gebrauch und Bildung

Das *passato prossimo* wird meistens verwendet, um eine in der Vergangenheit vollendete Handlung wiederzugeben. Es wird wie das deutsche Perfekt gebildet:

Präsens der Hilfsverben avere oder essere + Partizip Perfekt

Der Gebrauch von avere und essere entspricht in der Regel dem Gebrauch von «haben» und «sein» im Deutschen.

Das Partizip Perfekt wird aus dem Infinitiv des Verbs abgeleitet:

-are → -ato	lavorare → lavorato
-ere → -uto	credere → creduto
-ire → -ito	partire → partito

In der Regel stehen Hilfsverb und Partizip Perfekt nebeneinander.

Ieri ho lavorato tutto il giorno. — Gestern habe ich den ganzen Tag gearbeitet.

In Verbindung mit den Ausdrücken già (schon) und non … ancora (noch nicht) wird das Hilfsverb vom Partizip getrennt:

Hai già mangiato? — Hast du schon gegessen?
Non ho ancora pagato il conto. — Ich habe die Rechnung noch nicht bezahlt.

13.2 Die Konjugation mit *avere* und *essere*

Wenn das *passato prossimo* mit dem Hilfsverb avere gebildet wird, bleibt das Partizip Perfekt unverändert (Endung auf -o).

	avere	Partizip Perfekt
(io)	ho	lavorato
(tu)	hai	lavorato
(lui, lei, Lei)	ha	lavorato
(noi)	abbiamo	lavorato
(voi)	avete	lavorato
(loro)	hanno	lavorato

Wird das *passato prossimo* mit dem Hilfsverb essere gebildet, gleicht man das Partizip Perfekt in Geschlecht und Zahl dem Subjekt an.

	essere	Partizip Perfekt
(io)	sono	andato / andata
(tu)	sei	andato / andata
(lui, lei, Lei)	è	andato / andata
(noi)	siamo	andati / andate
(voi)	siete	andati / andate
(loro)	sono	andati / andate

13.3 Unregelmäßige Formen des Partizip Perfekt

Viele Verben (überwiegend auf -ere) weisen eine unregelmäßige Bildung des Partizips auf.

Hier eine Auswahl der wichtigsten unregelmäßigen Verben:

aprire → aperto	fare → fatto	rimanere → rimasto
chiedere → chiesto	leggere → letto	rispondere → risposto
chiudere → chiuso	mettere → messo	scendere → sceso
decidere → deciso	nascere → nato	scrivere → scritto
dire → detto	offrire → offerto	vedere → visto
essere → stato	prendere → preso	venire → venuto

Weitere Formen finden Sie in der Tabelle der unregelmäßigen Verben ab S. 65.

14. Die direkten Objektpronomen

Die direkten Objektpronomen lo, la, li, le ersetzen ein bereits erwähntes direktes Objekt und richten sich in Geschlecht und Zahl nach dem Objekt, das sie ersetzen.

Compri il pullover? – Sì, lo compro.	Kaufst du den Pullover? – Ja, ich kaufe ihn.
Compri la gonna? – Sì, la compro.	Kaufst du den Rock? – Ja, ich kaufe ihn.
Compri i pantaloni? – Sì, li compro.	Kaufst du die Hose? – Ja, ich kaufe sie.
Compri le scarpe? – Sì, le compro.	Kaufst du die Schuhe? – Ja, ich kaufe sie.

Wenn ein Objektpronomen in Verbindung mit einem Modalverb benutzt wird, kann es vor das Modalverb gestellt oder an den Infinitiv angehängt werden.

il pullover	→	Lo posso provare? / Posso provarlo?	Kann ich ihn anprobieren?
la gonna	→	La posso provare? / Posso provarla?	Kann ich ihn anprobieren?
i pantaloni	→	Li posso provare? / Posso provarli?	Kann ich sie anprobieren?
le scarpe	→	Le posso provare? / Posso provarle?	Kann ich sie anprobieren?

15. Verbtabellen: Unregelmäßige Verben

avere (haben)	
io	ho
tu	hai
lui, lei, Lei	ha
noi	abbiamo
voi	avete
loro	hanno
ho avuto	

andare (gehen, fahren)	
io	vado
tu	vai
lui, lei, Lei	va
noi	andiamo
voi	andate
loro	vanno
sono andato/-a	

aprire (öffnen)	
io	apro
tu	apri
lui, lei, Lei	apre
noi	apriamo
voi	aprite
loro	aprono
ho aperto	

bere (trinken)	
io	bevo
tu	bevi
lui, lei, Lei	beve
noi	beviamo
voi	bevete
loro	bevono
ho bevuto	

chiedere (fragen)	
io	chiedo
tu	chiedi
lui, lei, Lei	chiede
noi	chiediamo
voi	chiedete
loro	chiedono
ho chiesto	

chiudere (schliessen)	
io	chiudo
tu	chiudi
lui, lei, Lei	chiude
noi	chiudiamo
voi	chiudete
loro	chiudono
ho chiuso	

decidere (entscheiden)	
io	decido
tu	decidi
lui, lei, Lei	decide
noi	decidiamo
voi	decidete
loro	decidono
ho deciso	

dire (sagen)	
io	dico
tu	dici
lui, lei, Lei	dice
noi	diciamo
voi	dite
loro	dicono
ho detto	

dovere (müssen, sollen)	
io	devo
tu	devi
lui, lei, Lei	deve
noi	dobbiamo
voi	dovete
loro	devono
ho dovuto	

essere (sein)	
io	sono
tu	sei
lui, lei, Lei	è
noi	siamo
voi	siete
loro	sono
sono stato/-a	

fare (machen, tun)	
io	faccio
tu	fai
lui, lei, Lei	fa
noi	facciamo
voi	fate
loro	fanno
ho fatto	

leggere (lesen)	
io	leggo
tu	leggi
lui, lei, Lei	legge
noi	leggiamo
voi	leggete
loro	leggono
ho letto	

mettere (legen, stellen)	
io	metto
tu	metti
lui, lei, Lei	mette
noi	mettiamo
voi	mettete
loro	mettono
ho messo	

nascere (geboren werden)	
io	nasco
tu	nasci
lui, lei, Lei	nasce
noi	nasciamo
voi	nascete
loro	nascono
sono nato/-a	

offrire (anbieten)	
io	offro
tu	offri
lui, lei, Lei	offre
noi	offriamo
voi	offrite
loro	offrono
ho offerto	

potere (können, dürfen)	
io	posso
tu	puoi
lui, lei, Lei	può
noi	possiamo
voi	potete
loro	possono
ho potuto	

prendere (nehmen)	
io	prendo
tu	prendi
lui, lei, Lei	prende
noi	prendiamo
voi	prendete
loro	prendono
ho preso	

proporre (vorschlagen)	
io	propongo
tu	proponi
lui, lei, Lei	propone
noi	proponiamo
voi	proponete
loro	propongono
ho proposto	

rimanere (bleiben)	
io	rimango
tu	rimani
lui, lei, Lei	rimane
noi	rimaniamo
voi	rimanete
loro	rimangono
sono rimasto/-a	

rispondere (antworten)	
io	rispondo
tu	rispondi
lui, lei, Lei	risponde
noi	rispondiamo
voi	rispondete
loro	rispondono
ho risposto	

sapere (wissen, können)	
io	so
tu	sai
lui, lei, Lei	sa
noi	sappiamo
voi	sapete
loro	sanno
ho saputo	

scegliere (wählen)	
io	scelgo
tu	scegli
lui, lei, Lei	sceglie
noi	scegliamo
voi	scegliete
loro	scelgono
ho scelto	

scendere (aussteigen)	
io	scendo
tu	scendi
lui, lei, Lei	scende
noi	scendiamo
voi	scendete
loro	scendono
sono sceso/-a	

spendere (ausgeben)	
io	spendo
tu	spendi
lui, lei, Lei	spende
noi	spendiamo
voi	spendete
loro	spendono
ho speso	

stare (stehen, bleiben)	
io	sto
tu	stai
lui, lei, Lei	sta
noi	stiamo
voi	state
loro	stanno
sono stato/-a	

uscire (ausgehen)	
io	esco
tu	esci
lui, lei, Lei	esce
noi	usciamo
voi	uscite
loro	escono
sono uscito/-a	

vedere (sehen)	
io	vedo
tu	vedi
lui, lei, Lei	vede
noi	vediamo
voi	vedete
loro	vedono
ho visto	

venire (kommen)	
io	vengo
tu	vieni
lui, lei, Lei	viene
noi	veniamo
voi	venite
loro	vengono
sono venuto/-a	

vincere (gewinnen)	
io	vinco
tu	vinci
lui, lei, Lei	vince
noi	vinciamo
voi	vincete
loro	vincono
ho vinto	

volere (wollen)	
io	voglio
tu	vuoi
lui, lei, Lei	vuole
noi	vogliamo
voi	volete
loro	vogliono
ho voluto	

Meine Verbtabellen

io	
tu	
lui, lei, Lei	
noi	
voi	
loro	

io	
tu	
lui, lei, Lei	
noi	
voi	
loro	

io	
tu	
lui, lei, Lei	
noi	
voi	
loro	

io	
tu	
lui, lei, Lei	
noi	
voi	
loro	

io	
tu	
lui, lei, Lei	
noi	
voi	
loro	

io	
tu	
lui, lei, Lei	
noi	
voi	
loro	

io	
tu	
lui, lei, Lei	
noi	
voi	
loro	

io	
tu	
lui, lei, Lei	
noi	
voi	
loro	

io	
tu	
lui, lei, Lei	
noi	
voi	
loro	

io	
tu	
lui, lei, Lei	
noi	
voi	
loro	

io	
tu	
lui, lei, Lei	
noi	
voi	
loro	

io	
tu	
lui, lei, Lei	
noi	
voi	
loro	

Lektionswortschatz

In dieser Liste finden Sie die Wörter und Wendungen jeder Lektion in der Reihenfolge ihres Vorkommens. Die deutsche Übersetzung gibt die Bedeutung des Begriffs im jeweiligen Kontext wieder. Die Vokabeln früherer Lektionen werden als bekannt vorausgesetzt.
Über das alphabetische Wörterverzeichnis im Anschluss an den Lektionswortschatz können Sie jederzeit feststellen, in welcher Lektion das jeweilige Wort zum ersten Mal erschienen ist.
Die mit Stern* gekennzeichneten Verben haben entweder eine unregelmäßige Präsensform oder ein unregelmäßiges Partizip Perfekt. Verben mit Stammerweiterung sind mit *(-isc-)* gekennzeichnet. Unterstrichene Buchstaben geben die Betonung bei Wörtern an, die nicht – wie in den meisten Fällen – auf der vorletzten Silbe betont werden.

Verwendete Abkürzungen im Lektionswortschatz und im alphabetischen Wortschatz:

agg.	aggettivo	Adjektiv
f.	femminile	weiblich
m.	maschile	männlich
part.	participio	Partizip Perfekt
pl.	plurale	Plural

E	Einstiegsseite
R	Ricapitoliamo

Lezione 1

E	Di dove sei?	Wo bist du her?
	attivare	(re)aktivieren
	la grammatica	Grammatik
	il lessico	Wortschatz
1	fare* conoscenza	(sich) kennenlernen
	il panorama *(m.)*	Panorama, Ausblick
	su	*hier:* über
	il mondo	Welt
1a	guardare	(sich) anschauen
	l'immagine *(f.)*	Bild
	la pagina	Seite
	a coppie	zu zweit, paarweise
	la coppia	Paar
	scrivere*	schreiben
	il maggior numero	die meisten
	il numero	Zahl
	l'aggettivo	Adjektiv
	la nazionalità	Nationalität
	avere*	haben
	il minuto	Minute
	il tempo	Zeit
	confrontare	vergleichen
	poi	dann
	in plenum	im Plenum
	italiano *(agg.)*	italienisch
	francese *(agg.)*	französisch
1b	il gruppo	Gruppe
	tre	drei
	fare*	machen
	la lista	Liste
	le bellezze *(pl.)*	*hier:* Sehenswürdigkeiten
	che	*hier:* der, die, das
	conoscere*	kennen
	cinque	fünf
	vincere*	gewinnen
	con	mit
	la lista più completa	die längste Liste

	Italiano	Deutsch
	completo	vollständig
	in	in
	l'Italia	Italien
	a	in
	Roma	Rom
	c'è (esserci*)	da ist, es gibt
	trovarsi	sich befinden
	il Colosseo	Kolosseum
	la torre	Turm
	essere*	sein, sich befinden
	il monumento	Monument, Denkmal
	invece	dagegen, hingegen
	la cattedrale	Kathedrale
	spagnolo (*agg.*)	spanisch
2	ciao	hallo
2a	ascoltare	hören, zuhören
	il dialogo	Dialog
	secondo voi	Ihrer/eurer Meinung nach
	quali	welche
	la persona	Person
	raffigurato	abgebildet
	sotto	unten
	parlare	sprechen
	il compagno	Mitschüler, Lernpartner
2b	un'altra volta	noch einmal
	la volta	Mal
	Che cosa?	Was?
	sapere*	wissen
	la donna	Frau
	il nome	Name
	la città	Stadt
	la città di provenienza	Geburtsstadt
	la provenienza	Herkunft
	la città di residenza	Wohnort
	la residenza	Wohnsitz
	l'anno	Jahr
	lo stato civile	Familienstand
	la lingua	Sprache
2c	la domanda	Frage
	usare	benutzen
	completare	vervollständigen
	la tabella	Tabelle
	in basso	unten
	utilizzare	benutzen
	anche	auch
	l'espressione (*f.*)	Ausdruck
	lo specchietto	Kästchen
	Come?	Wie?
	Dove?	Wo?
	Di dove?	Woher?
	Quanti?	Wie viele?
	Che?	*hier:* Welche?, Was?
	tu	du
	Lei	Sie
	chiamarsi	heißen
	sposato	verheiratet
3	il corso	Kurs
	compilare	ausfüllen
	la scheda	Formular
	vostro	Ihr/euer
	i dati (*pl.*)	Daten
	intervistare	interviewen
	alcuni/e	einige
	poco	wenig
	rispondere*	antworten
	loro	ihr/e
	alla fine	am Ende
	la fine	Ende
	raccontare	erzählen
	la cosa	Sache
	in comune	gemeinsam
	di	*hier:* aus
	ma	aber
	abitare	wohnen
	Londra	London
	Inghilterra	England
4	dimmi	sag mir
	dire*	sagen
	quando	wann
	nato	geboren
	ti dirò	ich werde dir sagen

	che lavoro fai	was du beruflich machst
	il lavoro	Arbeit
4a	leggere*	lesen
	seguente	folgend
	l'articolo	Artikel
	sottolineare	unterstreichen
	la professione	Beruf
	il mese	Monat
	per	*hier:* für
	gennaio	Januar
	alto	hoch
	la percentuale	Prozentsatz
	il medico generico	Allgemeinarzt
	l'agente delle tasse	Steuerbeamte
	mancare	fehlen
	l'agente immobiliare	Makler
	febbraio	Februar
	giusto	richtig
	l'artista (*m. + f.*)	Künstler/-in
	il controllore del traffico	Verkehrspolizist
	meno	weniger
	il fisico	Physiker
	marzo	März
	abbondare	reichlich vorhanden sein
	il pilota	Pilot
	il musicista	Musiker
	aprile	April
	da	*hier:* zu
	cancellare	ausradieren, durchstreichen
	perché	weil
	portarsi dietro	mit sich ziehen
	maggiore	höher
	il malanno	Übel, Krankheit
	l'QI (quoziente intellettivo)	Intelligenzquotient
	basso	niedrig
	la media	Durchschnitt
	maggio	Mai
	il giocatore (di calcio)	(Fußball-)Spieler

a parte	abgesehen von
più	mehr
il politico	Politiker
giugno	Juni
ideale	ideal
l'amministratore delegato	Geschäftsführer
il premio Nobel	Nobelpreis(träger)
luglio	Juli
il periodo	Periode, Zeitraum
il muratore	Maurer
il manovratore del treno	Zugführer
agosto	August
ancora	*hier:* wieder
tanto (*agg.*)	viel
pure	auch
il presidente	Präsident
gli Stati Uniti (*pl.*)	Vereinigte Staaten
settembre	September
il momento	Moment
il calciatore	Fußballspieler
strapagato	hochbezahlt
l'accademico	Akademiker
la fama	Ruhm
ottobre	Oktober
perfetto	perfekt
se	wenn
volere*	wollen
vivere*	leben
a lungo	lang
in media	durchschnittlich
il giorno	Tag
in più	mehr
novembre	November
altissimo	höchst, sehr hoch
la possibilità	Möglichkeit, Wahrscheinlichkeit
mettere* al mondo	gebären
lo schizofrenico	Schizophrener
dicembre	Dezember
oltre la media	überdurchschnittlich
il dentista	Zahnarzt
come pure	so wie
il Messia	Messias

	religioso	religiös
	laico	weltlich
	che siano	*hier:* egal ob
4b	rileggere*	noch einmal lesen
	elencare	auflisten
	il testo	Text
	più lungo	länger
	lungo	lang
4c	questo	dieser
	il tema	Thema
	la data di nascita	Geburtsdatum
	la data	Datum
	la nascita	Geburt
	riferire (*-isc-*)	berichten
	la classe	Klasse
	rappresentare	vertreten
	la somiglianza	Ähnlichkeit
	la differenza	Unterschied
	l'impiegato	Angestellter
	l'architetto	Architekt
	il pensionato	Rentner, Pensionär
5	la famiglia	Familie
	tra	zwischen
	la moglie	Ehefrau
	il marito	Ehemann
5a	Di che cosa?	*hier:* Worüber?
5b	organizzare	organisieren, planen
	invitare	einladen
	suo	sein/ihr
	la madre	Mutter
	la collega	Kollegin
	la suocera	Schwiegermutter
	l'amico	Freund
	il fratello	Bruder
	il vicino	Nachbar
5c	descrivere*	beschreiben
6a	scegliere*	auswählen, aussuchen
	per	*hier:* um ... zu
	alto	groß
	basso	klein
	calvo	kahl
	grasso	dick
	snello	schlank
	corto	kurz
	scuro	dunkel
	biondo	blond
	castano	kastanienbraun
	i baffi (*pl.*)	Schnurrbart
	la barba	Bart
	gli occhiali (*pl.*)	Brille
	l'occhio	Auge
	marrone	braun
	azzurro	hellblau
	verde	grün
	chiaro	hell
6b	attentamente	genau, aufmerksam
	la foto	Photo
	cercare	*hier:* versuchen
	memorizzare	auswendig lernen
	l'aspetto	Aussehen
	uno di voi	einer von Ihnen/euch
	l'altro	der andere
	chiudere*	schließen
	controllare	kontrollieren
	chi	wer, wen
	buono	gut
	la memoria	Gedächtnis
7	mio	mein, meiner
	l'albero genealogico	Stammbaum
	quelli (*pl.*)	jene
	la frase	Satz
	l'esempio	Beispiel
	trovare	finden
	la parola	Wort
	utile	nützlich
	il rapporto di parentela	Verwandtschaftsverhältnis
	il cognato	Schwager
	il cugino	Cousin
	il figlio	Sohn

	il/la nipote	Neffe, Nichte, Enkelkind
	i nonni *(pl.)*	Großeltern
	la sorella	Schwester
	lo zio	Onkel
	i genitori *(pl.)*	Eltern
8	allora	dann, also
8a	l'e-mail	E-Mail
	in cui	*hier:* in der
	la festa	Fest, Party
	la discussione	Auseinandersetzung
	A chi?	Wem?
	Come va?	Wie geht's?
	appena	gerade
	il compleanno	Geburtstag
	d'accordo	einverstanden
	su chi invitare	wen wir einladen sollen
	chiaramente	natürlich
	pensare	denken
	non... ancora	noch nicht
	la ragazza	Mädchen, junge Frau
	molto	*hier:* sehr
	simpatico	sympathisch
	serio	ernst, seriös
	interessante	interessant
	viaggiare	reisen, verreisen
	molto	*hier:* viel
	aperto	offen
	carino	hübsch
	quando	als
	dovere*	müssen, sollen
	altrimenti	ansonsten
	solo	*hier:* nur
	così	so
	noioso	langweilig
	nominare	nennen
	potere*	können
	insomma	kurz und gut
	sembrare	scheinen
	troppo	zu viel
	il bacio	Kuss
8b	in base a	*hier:* nach
	l'informazione *(f.)*	Information
	l'aggettivo possessivo	Possessivbegleiter
9	Com'è?	Wie ist er/sie?
	il contrario	Gegensatz
	il carattere	Charakter
	antipatico	unsympathisch
	allegro	fröhlich, lustig
	chiuso	verschlossen
10	l'inizio	Anfang
	nuovo	neu
	ogni	jeder
	presentare	vorstellen
	il parente	Verwandter
	portare	*hier:* bringen
	spiegare	erklären
	perché	warum
	nostro	unser, unserer
R	fisicamente	physisch
	il nome di parentela	Verwandtschaftsbezeichnung
	la parentela	Verwandtschaft
	il padre	Vater
	la figlia	Tochter

Lezione 2

E	Così è la vita!	So ist das Leben!
	l'aspetto fisico	Aussehen
	immaginare	sich vorstellen
	la fantasia	Fantasie
1	quotidiano	täglich
	la giornata	Tagesablauf
1a	la fotografia	Foto
	corrispondere* (a)	sich beziehen (auf)
	svegliarsi	aufwachen
	alle (a + articolo)	um
	fare* la doccia	duschen
	preparare	vorbereiten

Italiano	Deutsch
la colazione	Frühstück
tutti	alle
prima di (+ infinito)	bevor
andare*	gehen, fahren
l'ufficio	Büro
la bambina	Mädchen, Kind
la scuola	Schule
andare* a prendere	abholen
uscita	Ausgang
verso	gegen
la pausa pranzo	Mittagspause
finire (*-isc-*)	aufhören
lavorare	arbeiten
fare* la spesa	einkaufen
tornare	zurückkommen
la casa	Haus, Heim
mettere* in ordine	aufräumen
la cena	Abendessen
rientrare	nach Hause zurückkommen
cenare	zu Abend essen
guardare la televisione	fernsehen
tipico	typisch
il giornalista	Journalist
free-lance	freiberuflich
quindi	also
organizzarsi	sich organisieren
un po'	ein bisschen
la mattina	*hier:* am Morgen
la mattina	Morgen, Vormittag
presto	früh
in genere	normalerweise
dipendere*	abhängen
la notte	Nacht
precedente	vorig
mettersi*	sich setzen, sich stellen
il quotidiano	Tageszeitung
l'ora	Stunde
riprendere*	wieder anfangen
la sera	*hier:* am Abend
la sera	Abend
uscire*	ausgehen
il cinema	Kino

	Italiano	Deutsch
	il teatro	Theater
	qualche	einige
	oppure	oder
	incontrarsi	sich treffen
	mangiare	essen
	qualcosa	etwas
	sempre	immer
	troppo	zu
	tardi	spät
	fare* colazione	frühstücken
	correre*	rennen
	fino a	bis
	la pausa	Pause
	il pranzo	Mittagessen
	la mensa	Kantine, Mensa
	dopo (+ sostantivo)	nach
	la palestra	Turnhalle, Fitnesscenter
	la mia ragazza	meine (feste) Freundin
1b	accanto	neben
	la nuvoletta	Wölkchen
	il pomeriggio	*hier:* am Nachmittag
	il pomeriggio	Nachmittag
	a mezzogiorno	mittags
	il mezzogiorno	Mittag
	alzarsi	aufstehen
1c	aggiungere*	hinzufügen
1d	a turno	abwechselnd
	il verbo	Verb
	il punto	Punkt
	secondo	zweiter
	terzo	dritter
	richiesto	erfragt
	avere* bisogno	brauchen
	consultare	*hier:* fragen
	l'insegnante (*m. + f.*)	Lehrer/in
	in fondo	am Ende
	il libro	Buch
	sei e mezzo	halb sieben
	mezzo	halb

2	A che ora?	Um wie viel Uhr?
	almeno	mindestens
	la risposta	Antwort
	a	um
	la mezzanotte	Mitternacht
	meno	*hier:* vor
	dalle… alle	von … bis
3a	Che tipo!	Was für ein Kerl/ Typ!
	raffigurare	abbilden
3b	indovinare	raten, erraten
3c	mai	nie, niemals
4a	mettere* in ordine	einordnen
	lo schema	Schema
	qualche volta	manchmal
	spesso	oft
	raramente	selten
4b	inserire (*-isc-*)	einfügen
	ognuno	jeder
	in base a	gemäß
	l'abitudine (*f.*)	Gewohnheit
	il giornale	Zeitung
	bere*	trinken
	il bicchiere	Glas
	il vino	Wein
	il sonnellino	Nickerchen
	addormentarsi	einschlafen
	prima di	vor
4c	adesso	jetzt
	il foglietto	Zettel
	vi	euch
	somigliare	ähneln
	di più	am meisten
	martedì	diesen Dienstag
	il martedì	*hier:* dienstags
	la montagna	Berg(e)
	il fine settimana	*hier:* am Wochenende
	il fine settimana	Wochenende
	anch'io	ich auch
	neanch'io	ich auch nicht
5	di 28 ce n'è uno	mit 28 gibt es nur einen
	riuscire*	schaffen, gelingen
	per primo	als erster
	primo	erster
	l'ordine (*m.*)	Reihenfolge
	la primavera	Frühling
	l'estate (*f.*)	Sommer
	l'autunno	Herbst
	l'inverno	Winter
6a	l'agenda	Kalender
	il giorno della settimana	Wochentag
	la settimana	Woche
	il lunedì	Montag
6b	l'appuntamento	Verabredung, Termin
	partire	abfahren, losfahren
	proporre* (*part.* proposto)	vorschlagen
6c	segnare	kennzeichnen
	sentire	hören
	dai	komm schon
	va bene	OK, es geht in Ordnung
	avere* voglia	Lust haben
	Che ne dici di…?	Was hältst du davon …?
	non mi va	ich habe keine Lust
	bello	schön
6d	la proposta	Vorschlag
	accettare	annehmen
	rifiutare	ablehnen
7a	il tempo libero	Freizeit
	mettere* una crocetta	ankreuzen
	la crocetta	Kreuzchen
	l'attività	Aktivität
	corrispondente	entsprechend
	altro	anderer, weiterer
	il concerto	Konzert

	il corso di ballo	Tanzkurs
	la passeggiata	Spaziergang
	la piscina	Schwimmbad
	stare*	*hier:* sitzen, sich aufhalten, bleiben
	giocare	spielen
7b	prendere* (un appuntamento)	(einen Termin) ausmachen
7c	diverso	*hier:* anderer
	passare	verbringen
	l'impegno	Termin
8	Mi dispiace!	Es tut mir leid!
8a	corretto	korrekt, richtig
	carissimo	Liebster
	purtroppo	leider
	disdire*	absagen
	il mercoledì	Mittwoch
	prossimo	nächster
	trascorrere*	verbringen
	il mare	Meer
	rimandare	verschieben
	dopo	danach
	vorrei	ich möchte
	tanto	so sehr
	esserci*	*hier:* dabei sein
	far(e) sapere*	wissen lassen
	perdere*	verlieren
	la vacanza	Urlaub, Ferien
8b	riportare	wiedergeben
	strano	komisch
	il cane	Hund
	il parrucchiere	Friseur
9a	esprimere*	ausdrücken
	il dispiacere	Bedauern
	cominciare	beginnen
	concludere*	beenden
9b	breve	kurz
	fissare (un appuntamento)	(einen Termin) verabreden
R	sulla base di	anhand
	il disegno	Zeichnung
	partecipare	teilnehmen
	l'intervento	Eintrag
	il sabato	Samstag
	il giovedì	Donnerstag

Lezione 3

E	in giro	unterwegs
	il cliente	Kunde
	ripetere	wiederholen
	un'altra frase	*hier:* noch einen Satz
	e così via	und so weiter
1	la reception	Rezeption
1a	la descrizione	Beschreibung
	benvenuto	willkommen
	originale	originell
	situato	gelegen
	la basilica	Basilika, Kirche
	l'albergo	Hotel
	ottimo	sehr gut, hervorragend
	la scelta	Auswahl
	il turismo	Tourismus
	la posizione	Lage
	centrale	zentral
	permettere*	erlauben, ermöglichen
	raggiungere*	erreichen
	facilmente	einfach
	a piedi	zu Fuß
	l'attrazione (*f.*)	Sehenswürdigkeit
	artistico	Kunst-, künstlerisch
	storico	historisch
	la piazza	Platz
	elegante	elegant
	il palazzo d'epoca	historischer Palast
	il palazzo	Palast, Gebäude
	d'epoca	historisch
	il cuore	Herz
	la stella	Stern
	la Biblioteca Nazionale	Staatsbibliothek

	il metro	Meter
	la stazione	Bahnhof
	immediato	nächster
	la vicinanza	Nähe
	la metropolitana	U-Bahn
	la linea	Linie
	la fermata	Haltestelle
	il servizio	Betrieb
	l'autobus	Bus
	il collegamento	Verbindung
	diretto	direkt
	la zona	Teil, Zone, Bereich
	il chilometro	Kilometer
	la fiera	Messe
	offrire*	anbieten
	la camera	Zimmer
	spazioso	geräumig
	il parcheggio	Parkplatz
	gratuito	gratis
	il centro fitness	Fitnessraum
	la connessione	Verbindung
	intero	ganz
	la struttura	Gebäude
	dotato	ausgestattet
	l'aria condizionata	Klimaanlage
	lo schermo	Bildschirm
	piatto (*agg.*)	flach
	allestire (*-isc-*)	vorbereiten, herrichten
	ricco	reichhaltig, üppig
	il buffet	Büfett
	fornire (*-isc-*)	anbieten
	la navetta	Shuttlebus
1b	la caratteristica	Eigenschaft
	importante	wichtig
1c	determinante	ausschlaggebend
	stesso	gleicher, derselbe
	il gusto	Geschmack
	il centro	Zentrum
	vicino a	neben
	lontano da	weit von
	nelle vicinanze di	in der Nähe von
2a	a destra	rechts
	la porta	Tür
	il comodino	Nachttisch
	la chiave	Schlüssel
	il telefono	Telefon
	l'armadio	Schrank
	la lampada	Lampe
	il tappeto	Teppich
	sotto	unter
	la finestra	Fenster
	di fronte a	gegenüber
	il letto	Bett
	su	auf
	sopra	über
	davanti a	vor
2b	dopo che	nachdem
	l'ospite (*m. + f.*)	Gast
	lasciare	verlassen
	il cuscino	Kissen
	dietro	hinter
3	Buongiorno!	Guten Tag!
3a	l'arrivo	Ankunft
	la partenza	Abreise
	il tipo	Typ
	singolo	Einzel-
	doppio	Doppel-
	matrimoniale	Ehe-
3b	dare* su	gehen auf
	il parco	Park
	il cortile	Hof
	la strada	Straße
	la cassaforte	Safe, Tresor
	il balcone	Balkon
	l'ascensore (*m.*)	Aufzug
3c	tranquillo	ruhig
	il documento	Ausweis
	qui	hier
	qui vicino	hier in der Nähe
	la vista	Sicht
	far(e) venire*	kommen lassen
	venire*	kommen
	qualcuno	jemand
	il bagaglio	Gepäck
	lì	dort

	Italiano	Deutsch
3d	prenotare	buchen
3e	il modulo	Formular
	i dati anagrafici (*pl.*)	Angaben zur Person
	il nome	Vorname
	il cognome	Familienname
	l'indirizzo	Adresse
	la nazione	Land
	il cellulare	Mobiltelefon
	l'adulto	Erwachsener
	il bambino	Kind
	la richiesta	Anfrage, Wunsch
3f	scambiare	tauschen, austauschen
	il modello	Muster, Beispiel
	quello che	derjenige, der
4	il ristorante	Restaurant
	il piatto	Gericht
	preferito	Lieblings-
	la cucina	Küche
	piacere	schmecken, gefallen
	particolarmente	besonders
	il foglio	Blatt
	vincente	Gewinn-
	le tagliatelle (*pl.*)	*Bandnudeln*
	il fungo porcino	Steinpilz
5b	il menu	Karte
	nascondersi*	sich verstecken
5c	la categoria	Kategorie
	l'antipasto	Vorspeise
	l'alice (*f.*)	Sardelle
	marinato	mariniert
	il manzo	Rindfleisch
	il grana	Käsesorte
	il piatto	*hier:* Gang
	i tagliolini (*pl.*)	*sehr dünne Bandnudeln*
	il ragù	*Soße (aus Fleisch, Fisch)*
	il pesce	Fisch
	il minestrone	Gemüsesuppe
	la verdura	Gemüse

Italiano	Deutsch
la carne	Fleisch
l'involtino	kleine Roulade
il vitello	Kalbfleisch
la trota	Forelle
alla mugnaia	nach Müllerinart
il contorno	Beilage
alla piastra	gegrillt
la cipolla	Zwiebel
il forno	Ofen
ripieno	gefüllt
il dolce	Nachspeise
il semifreddo	Halbgefrorenes
la mandorla	Mandel
il biscotto	Keks
lo zabaione	*Schaumcreme aus Eigelb, Zucker und Marsala*
la torta	Kuchen
la ricotta	*quarkähnlicher Frischkäse*
alla griglia	gegrillt
il prosciutto	Schinken
crudo	roh
la bufala	Büffel
i ravioli (*pl.*)	*Teigtaschen mit Füllung*
l'insalata	Salat
il pomodoro	Tomate
il pollo	Huhn
la patata	Kartoffel
l'asparago	Spargel
il risotto	*Reisgericht*
nero	schwarz
la seppia	Tintenfisch
la panna	Sahne
cotto (cuocere*)	gekocht
il caramello	Karamel
fritto (friggere*)	frittiert
lo scoglio	Klippe, Fels
il branzino	Wolfsbarsch
la crosta	Kruste
il sale	Salz
la macedonia	Obstsalat
aromatico	aromatisch
il gelato	Speiseeis
il cioccolato	Schokolade
l'ossobuco	Kalbshaxe

	la salsa gremolada	*Soße aus Knoblauch, Petersilie und geriebener Zitrone*
	la salsa	Soße
5d	provare	versuchen, kosten
6a	ordinare	bestellen
6b	verificare	prüfen, überprüfen
	prendere*	nehmen
	la bottiglia	Flasche
	piccolo	klein
	grande	groß
	frizzante	sprudelnd, mit Kohlensäure
	(acqua) naturale	still
	il litro	Liter
6c	il posto	Stelle
	il conto	Rechnung
	per favore	bitte
	scusare	entschuldigen
	l'aglio	Knoblauch
	il tavolo	Tisch
	servire	servieren
	chiedere*	fragen, um etwas bitten
	chiamare	rufen
	il cameriere	Kellner
	l'ingrediente (*m.*)	Zutat
	particolare	besonderer
	accompagnare	begleiten
6d	ultimo	letzter
	mostrare	zeigen
	chiedere* informazioni	sich erkundigen
7	sapere*	können
	cucinare	kochen
	adatto	passend, geeignet
R	collocare	stellen
	lo spazio	Raum
	la valigia	Koffer

Lezione 4

E	consigliare	empfehlen
1a	preso (prendere*)	*hier:* entnommen
	il sito Internet	Internetseite
	riferirsi (*-isc-*)	sich beziehen auf
	industriale	Industrie-
	bellissimo	sehr schön
	l'arte (*f.*)	Kunst
	visitare	besichtigen
	il museo	Museum
	egizio	ägyptisch
	il giro	Runde
	il battello	Fähre
	il castello	Schloss
	la fontana	Brunnen
	la stagione	Jahreszeit
	ammirare	bewundern
	la collina	Hügel
	romantico	romantisch
	innamorato	verliebt
	l'amante (*m.* + *f.*)	Liebhaber/-in
	dormire	schlafen
	lo sci	Skifahren
	vicinissimo	sehr nah
	l'oretta	Stündchen
	ci arrivate	ihr seid da
	arrivare	ankommen
	la macchina	Auto
	il problema	Problem
	il treno	Zug
	il tram	Trambahn
	il pullman	Bus
	ben(e)	gut
	fornito	ausgestattet
	il mezzo pubblico	öffentliches Verkehrsmittel
1b	Ne conoscete altre?	Kennt ihr andere?
	natura	Natur
	il fiume	Fluss
	l'aeroporto	Flughafen

1c	senza	ohne
	trattarsi	sich (um etw.) handeln, (um etw.) gehen
	ci sono (esserci*)	da sind, es gibt
	esserci*	da sein, geben
2	a sinistra	links
2a	il riquadro	Kasten
	il caso	Fall
	possibile	möglich
	la combinazione	Kombination
	girare	drehen
	attraversare	überqueren
	indietro	zurück
	dritto	geradeaus
	il semaforo	Ampel
	l'incrocio	Kreuzung
	avanti	vorwärts
2c	la signora	Dame
	la farmacia	Apotheke
	la posta	Postamt
	l'edicola	Zeitungskiosk
	la banca	Bank
2d	sulla destra	auf der rechten Seite
	sulla sinistra	auf der linken Seite
	all'angolo	an der Ecke
	l'angolo	Ecke
3	la situazione	Situation
	lontano	weit
	fermare	halten
	il passante	Fußgänger
	in particolare	*hier:* bestimmt
4	la piantina	Karte
	l'indicazione (*f.*)	Anweisung
	il supermercato	Supermarkt
	la storia	Geschichte
	naturale	Natur-
	la chiesa	Kirche
5	il tempo	Wetter
	il corpo	Körper
	da dio	göttlich, wie ein Gott
	il dio	Gott
5a	la testa	Kopf
	il ginocchio (*pl.* le ginocchia)	Knie
	il piede	Fuß
	la mano (*pl.* le mani)	Hand
	la gamba	Bein
	la pancia	Bauch
	il braccio (*pl.* le braccia)	Arm
	la schiena	Rücken
5b	la parte	Teil
6b	il disturbo	Beschwerde
	il mal di denti	Zahnschmerzen
	il mal di testa	Kopfschmerzen
	far(e)* male	schmerzen, weh tun
	il mal di stomaco	Magenschmerzen
	il mal di schiena	Rückenschmerzen
	il mal di pancia	Bauchschmerzen
	la tosse	Husten
	il mal di gola	Halsschmerzen
	il raffreddore	Schnupfen
	la febbre	Fieber
6c	la causa	Grund
7	Oddio!	Oh, mein Gott!
	mimare	mimisch darstellen
8a	la goccia	Tropf
	la pastiglia	Tablette
	la pomata	Salbe
	la bustina	Tütchen
	lo sciroppo	(Husten)saft
8b	la vignetta	Zeichnung
	il farmacista	Apotheker
	il pasto	Mahlzeit
	al massimo	höchstens
	al giorno	pro Tag
	mettere*	*hier:* einreiben

	il dolore	Schmerz
	passare	aufhören
	il medico	Arzt
	il cucchiaio	Löffel
9	Con questo tempo…	Bei dem Wetter …
9a	Attenzione!	Vorsicht!
	Che tempo fa?	Wie ist das Wetter?
	il sole	Sonne
	la nebbia	Nebel
	il vento	Wind
	piovere	regnen
	nevicare	schneien
	fare* caldo	warm/heiß sein
	caldo	warm, heiß
	fare* freddo	kalt sein
	freddo	kalt
	nuvolo	wolkig
	nuvoloso	wolkig
9b	la cartina	Karte
	il simbolo	Symbol
	il grado	Grad
10	la parte	*hier:* Ort
	architettonico	architektonisch
	votare	wählen, abstimmen
R	la pinacoteca	Pinakothek

Lezione 5

E	l'acquisto	Kauf, Einkauf
	andare* a cena fuori	auswärts zum Abendessen gehen
	come arrivarci	wie man dahin kommt
1	la spesa	Einkauf
	il fruttivendolo	Gemüsehändler
1a	la frutta	Obst
	riconoscere*	erkennen, wiedererkennen
1b	l'alimento	Lebensmittel
	la quantità	Menge
	il latte	Milch
	la mela	Apfel
	la bistecca	Steak
	la carota	Karotte
	il detersivo	Waschmittel
	la lavatrice	Waschmaschine
	il parmigiano	Parmesankäse
	il pane	Brot
	il sedano	Sellerie
	il dentifricio	Zahnpasta
	la pera	Birne
	lo yogurt	Joghurt
	il chilo	Kilo
	l'etto	100 Gramm
1c	il negozio	Geschäft
	rimanere*	(übrig) bleiben
	comprare	kaufen
	la panetteria	Brotladen, Bäcker
	la pasticceria	Konditorei
	il pescivendolo	Fischverkäufer, Fischgeschäft
	la macelleria	Metzgerei
2	rosso	rot
	giallo	gelb
	arancione	orange
	la ciliegia	Kirsche
	la fragola	Erdbeere
3a	la battuta	Satz
	ne	*hier:* davon
	bastare	genügen
	maturo	reif
	il sugo	Soße
	andare* bene	passen
	ancora	noch
	sodo	fest
	Altro?	Darf's noch etwas sein?
4a	oggi	heute
	l'invito	Einladung
	decidere* (*part.* deciso)	beschließen

	servire	nützlich sein, brauchen
	dimenticare	vergessen
	gratinato	gratiniert
	il limone	Zitrone
	la coppetta	Schälchen
	i frutti (*pl.*) di bosco	Waldbeeren
4c	di solito	normalerweise
	il mercato	Markt
	fresco	frisch
5	la tavola	Tisch, Tafel
	l'italiano	Italiener
5a	mancante	fehlend
	considerare	in Betracht ziehen
	presente	anwesend
	mentre	während
	a settimana	pro Woche
	il riso	Reis
	tra	unter
	la bevanda	Getränk
	settimanale	wochentlich
	gassato	mit Kohlensäure
	la birra	Bier
	hanno caratteristiche non molto diverse da...	(sie) unterscheiden sich nicht sehr von ...
	dichiarare	erklären
	mettere* in tavola	auftischen
	l'intensità	Häufigkeit
	che	*hier:* als, wie
5b	il risultato	Ergebnis
	la statistica	Statistik
6a	il grande magazzino	Kaufhaus
	la calzatura	Schuhe
	l'abbigliamento	Bekleidung
	l'intimo	Unterwäsche
	la profumeria	Parfümerie, Kosmetikabteilung
6b	il reparto	Abteilung
6c	abbinare	*hier:* zuordnen
	il capo d'abbigliamento	Bekleidungsstück
	l'accessorio	Kleidungszubehör
	il colore	Farbe
	la camicia	Hemd, Bluse
	bianco	weiß
	blu	blau
	i pantaloni (*pl.*)	Hose
	il cotone	Baumwolle
	in tinta unita	uni
	la scarpa	Schuh
	il tacco	Absatz
	la cintura	Gürtel
	la pelle	Leder
	il maglione dolcevita	Rollkragenpulli
	il maglione	Pullover
	la lana	Wolle
	la striscia	Streifen
	il vestito	Kleid
	la seta	Seide
	fantasia	*hier:* bunt
	la borsa	Tasche
	il piumino	Daunenmantel/-jacke
	il tessuto	Stoff
	impermeabile	wasserabweisend
	vero	echt
	la piuma d'oca	Gänsedaune
	la gonna	Rock
7a	solo	*hier:* einzig
8	cercare	suchen
	simile	ähnlich
	preferire (-isc-)	vorziehen
	fare* acquisti	einkaufen
	Quante volte?	Wie oft?
	all'anno	im Jahr, pro Jahr
	la marca	Marke
	la qualità	Qualität
	il prezzo	Preis
	l'amica	Freundin

9b	provare	*hier:* anprobieren
	la taglia	Größe
	costare	kosten
9c	la vetrina	Schaufenster
	la commessa	Verkäuferin
	portare	*hier:* tragen
	il numero	*hier:* Schuhgröße
	Come va / vanno?	*hier:* Passt es / Passen sie?
10	la fortuna	Glück
	la lotteria	Lotterie
	il buono	Gutschein
	spendere*	ausgeben
	il commesso	Verkäufer
	il ruolo	Rolle
	disponibile	vorhanden
	servire	bedienen
R	certo	sicher
	la cabina	Umkleidekabine

Lezione 6

1a	il centro storico	Altstadt
	l'escursione (*f.*)	Ausflug
	prendere* il sole	sich sonnen
	sciare	Ski fahren
	fare* il bagno	baden
	nuotare	schwimmen
	fare* camminate	wandern
	ad alta quota	*hier:* in den Bergen
	fare* windsurf	surfen
	andare* in bicicletta	radfahren
	la bicicletta	Fahrrad
	fare* snorkeling	schnorcheln
1b	normalmente	normalerweise
2b	alla fine di (giugno)	Ende (Juni)
	all'inizio di (luglio)	Anfang Juli
3a	il lago	(der) See
	tipico	typisch, charakteristisch
4a	fa	*hier:* vor
	scorso	letzter, vergangener
	il mio ragazzo	mein (fester) Freund
	il ragazzo	Junge, Freund
	la Germania	Deutschland
	il viaggio	Reise
	veramente	wirklich
	unico	einzigartig
	avete presente...	ihr kennt doch ...
	avere* presente	präsent haben, sich erinnern, kennen
	magnifico	herrlich
	la Foresta Nera	Schwarzwald
	ci	*hier:* dort
	il sogno	Traum
	l'agriturismo	Agrotourismus *(Urlaub auf dem Bauernhof)*
	toscano	von/in der Toskana, toskanisch
	proprio	gerade
	il Ferragosto	15. August, Mitte August
	puro	rein
	il relax	Entspannung
	niente	nichts
	speciale	besonderer
	benissimo	sehr gut
	la spiaggia	Strand
	l'acqua	Wasser
	turchese	türkis
	il cibo	Essen
	buonissimo	sehr gut
	tantissimo	sehr viel
5a	la serie	Reihe
	Quanto tempo?	Wie lange?
	stare*	bleiben, sein
6	affittare	mieten, vermieten
	l'appartamento	Wohnung
	arredare	einrichten
6a	l'ingresso	Eingang
	il soggiorno	Wohnzimmer

	la camera da letto	Schlafzimmer
	il bagno	Bad
	la cucina	Küche
6b	il mobile	Möbelstück
	l'elettrodomestico	Haushaltsgerät
	la stanza	Zimmer
7b	la lavastoviglie	Spülmaschine
	libero	frei
	vestirsi	sich anziehen
	elegantemente	elegant
	rilassarsi	sich entspannen
	provare	*hier:* probieren
8a	l'annuncio immobiliare	Immobilienanzeige
	l'annuncio	Anzeige
	composto (da)	bestehend (aus)
	ampio	groß, geräumig
	l'angolo cottura	Kochnische
	la cameretta	kleines Schlafzimmer
	il posto auto	Stellplatz
	riservato	reserviert
	usufruire (*-isc-*)	benutzen
	la lavanderia	Waschküche
	coperto	überdacht
	la dotazione	Ausrüstung
	le stoviglie (*pl.*)	Geschirr
	la pulizia	Reinigung
	finale	End-
	incluso	inklusive
	dotato (di)	ausgerüstet (mit)
	la doccia	Dusche
	l'areatore (*m.*)	Lüftung
	a richiesta	auf Wunsch
	la biancheria	*hier:* Bettwäsche
	il monolocale	Einzimmerwohnung
	il bilocale	Zweizimmerwohnung
	il trilocale	Dreizimmerwohnung
8b	la tipologia	Art
9a	la definizione	*hier:* Ausdruck
	il campeggio	Campingplatz
	il viaggio organizzato	Gruppenreise
	il villaggio turistico	Feriendorf
9c	stabilire (*-isc-*)	bestimmen, entscheiden
R	disegnare	zeichnen, malen

Alphabetischer Wortschatz

A

a 1 1b 2 2	in, um
A che ora? 2 2	Um wie viel Uhr?
A chi? 1 8a	Wem?
a coppie 1 1a	zu zweit, paarweise
a destra 3 2a	rechts
a lungo 1 4a	lang
a mezzogiorno 2 1b	mittags
a parte 1 4a	abgesehen von
a piedi 3 1a	zu Fuß
a richiesta 6 8a	auf Wunsch
a settimana 5 5a	pro Woche
a sinistra 4 2	links
a turno 2 1d	abwechselnd
abbigliamento 5 6a	Bekleidung
abbinare 5 6c	zuordnen
abbondare 1 4a	reichlich vorhanden sein
abitare 1 3	wohnen
abitudine 2 4b	Gewohnheit
accademico 1 4a	Akademiker
accanto 2 1b	neben
accessorio 5 6c	Kleidungszubehör
accettare 2 6d	annehmen
accompagnare 3 6c	begleiten
acqua 6 4a	Wasser
acquisto 5 E	Kauf, Einkauf
ad alta quota 6 1a	in den Bergen
adatto 3 7	passend, geeignet
addormentarsi 2 4b	einschlafen
adesso 2 4c	jetzt
adulto 3 3e	Erwachsener
aeroporto 4 1b	Flughafen
affittare 6 6	mieten, vermieten
agenda 2 6a	Kalender
agente delle tasse 1 4a	Steuerbeamte
agente immobiliare 1 4a	Makler
aggettivo 1 1a	Adjektiv
aggettivo possessivo 1 8b	Possessivbegleiter
aggiungere* 2 1c	hinzufügen
aglio 3 6c	Knoblauch
agosto 1 4a	August
agriturismo 6 4a	Agrotourismus *(Urlaub auf dem Bauernhof)*
al giorno 4 8b	pro Tag
al massimo 4 8b	höchstens
albergo 3 1a	Hotel
albero genealogico 1 7	Stammbaum
alcuni/e 1 3	einige
alice 3 5c	Sardelle
alimento 5 1b	Lebensmittel
alla fine 1 3	am Ende
alla fine di 6 2b	Ende
alla griglia 3 5c	gegrillt
alla mugnaia 3 5c	nach Müllerinart
alla piastra 3 5c	gegrillt
all'angolo 4 2d	an der Ecke
all'anno 5 8	im Jahr, pro Jahr
allegro 1 9	fröhlich, lustig
allestire 3 1a	vorbereiten, herrichten
all'inizio di 6 2b	Anfang
allora 1 8	dann, also
almeno 2 2	mindestens
altissimo 1 4a	höchst, sehr hoch
alto 1 4a 1 6a	hoch, groß
altrimenti 1 8a	ansonsten
altro 1 6b 2 7a	der andere; anderer, weiterer
Altro? 5 3a	Darf's noch etwas sein?
alzarsi 2 1b	aufstehen
amante 4 1a	Liebhaber/-in
amica 5 8	Freundin
amico 1 5b	Freund
amministratore delegato 1 4a	Geschäftsführer
ammirare 4 1a	bewundern

ampio 6 8a	groß, geräumig
anche 1 2c	auch
anch'io 2 4c	ich auch
ancora 1 4a 5 3a	wieder, noch
andare* 2 1a	gehen, fahren
andare* a cena fuori 5 E	auswärts zum Abendessen gehen
andare* a prendere 2 1a	abholen
andare* bene 5 3a	passen
andare* in bicicletta 6 1a	radfahren
angolo 4 2d	Ecke
angolo cottura 6 8a	Kochnische
anno 1 2b	Jahr
annuncio 6 8a	Anzeige
annuncio immobiliare 6 8a	Immobilienanzeige
antipasto 3 5c	Vorspeise
antipatico 1 9	unsympathisch
aperto 1 8a	offen
appartamento 6 6	Wohnung
appena 1 8a	gerade
appuntamento 2 6b	Verabredung, Termin
aprile 1 4a	April
arancione 5 2	orange
architetto 1 4c	Architekt
architettonico 4 10	architektonisch
areatore 6 8a	Lüftung
aria condizionata 3 1a	Klimaanlage
armadio 3 2a	Schrank
aromatico 3 5c	aromatisch
arredare 6 6	einrichten
arrivare 4 1a	ankommen
arrivo 3 3a	Ankunft
arte 4 1a	Kunst
articolo 1 4a	Artikel
artista 1 4a	Künstler/-in
artistico 3 1a	Kunst-, künstlerisch
ascensore 3 3b	Aufzug
ascoltare 1 2a	hören, zuhören
asparago 3 5c	Spargel
aspetto 1 6b	Aussehen
aspetto fisico 2 E	Aussehen
attentamente 1 6b	genau, aufmerksam
Attenzione! 4 9a	Vorsicht!
attivare 1 E	(re)aktivieren
attività 2 7a	Aktivität
attraversare 4 2a	überqueren
attrazione 3 1a	Sehenswürdigkeit
autobus 3 1a	Bus
autunno 2 5	Herbst
avanti 4 2a	vorwärts
avere* 1 1a	haben
avere* bisogno 2 1d	brauchen
avere* presente 6 4a	präsent haben, sich erinnern, kennen
avere* voglia 2 6c	Lust haben
azzurro 1 6a	hellblau

B

bacio 1 8a	Kuss
baffi 1 6a	Schnurrbart
bagaglio 3 3c	Gepäck
bagno 6 6a	Bad
balcone 3 3b	Balkon
bambina 2 1a	Mädchen, Kind
bambino 3 3e	Kind
banca 4 2c	Bank
barba 1 6a	Bart
basilica 3 1a	Basilika, Kirche
basso 1 4a 1 6a	niedrig, klein
bastare 5 3a	genügen
battello 4 1a	Fähre
battuta 5 3a	Satz
bellezze 1 1b	Sehenswürdigkeiten
bellissimo 4 1a	sehr schön
bello 2 6c	schön
bene 4 1a	gut
benissimo 6 4a	sehr gut
benvenuto 3 1a	willkommen
bere* 2 4b	trinken
bevanda 5 5a	Getränk
biancheria 6 8a	Bettwäsche
bianco 5 6c	weiß
Biblioteca Nazionale 3 1a	Staatsbibliothek
bicchiere 2 4b	Glas
bicicletta 6 1a	Fahrrad
bilocale 6 8a	Zweizimmerwohnung

biondo 1 6a	blond
birra 5 5a	Bier
biscotto 3 5c	Keks
bistecca 5 1b	Steak
blu 5 6c	blau
borsa 5 6c	Tasche
bottiglia 3 6b	Flasche
braccio 4 5a	Arm
branzino 3 5c	Wolfsbarsch
breve 2 9b	kurz
bufala 3 5c	Büffel
buffet 3 1a	Büfett
Buongiorno! 3 3	Guten Tag!
buonissimo 6 4a	sehr gut
buono 1 6b	gut
buono 5 10	Gutschein
bustina 4 8a	Tütchen

C

cabina 5 R	Umkleidekabine
calciatore 1 4a	Fußballspieler
caldo 4 9a	warm, heiß
calvo 1 6a	kahl
calzatura 5 6a	Schuhe
camera 3 1a	Zimmer
camera da letto 6 6a	Schlafzimmer
cameretta 6 8a	kleines Schlafzimmer
cameriere 3 6c	Kellner
camicia 5 6c	Hemd, Bluse
campeggio 6 9a	Campingplatz
cancellare 1 4a	ausradieren, durchstreichen
cane 2 8b	Hund
capo d'abbigliamento 5 6c	Bekleidungsstück
caramello 3 5c	Karamel
carattere 1 9	Charakter
caratteristica 3 1b	Eigenschaft
carino 1 8a	hübsch
carissimo 2 8a	Liebster
carne 3 5c	Fleisch
carota 5 1b	Karotte
cartina 4 9b	Karte
casa 2 1a	Haus, Heim
caso 4 2a	Fall
cassaforte 3 3b	Safe, Tresor
castano 1 6a	kastanienbraun
castello 4 1a	Schloss
categoria 3 5c	Kategorie
cattedrale 1 1b	Kathedrale
causa 4 6c	Grund
c'è 1 1b	da ist, es gibt
cellulare 3 3e	Mobiltelefon
cena 2 1a	Abendessen
cenare 2 1a	zu Abend essen
centrale 3 1a	zentral
centro 3 1c	Zentrum
centro fitness 3 1a	Fitnessraum
centro storico 6 1a	Altstadt
cercare 1 6b 5 8	versuchen, suchen
certo 5 R	sicher
che 1 1b 5 5a	der, die, das; als, wie
Che? 1 2c	Welche?, Was?
Che cosa? 1 2b	Was?
Che ne dici di...? 2 6c	Was hältst du davon ...?
Che tempo fa? 4 9a	Wie ist das Wetter?
Che tipo! 2 3a	Was für ein Kerl/Typ!
chi 1 6b	wer, wen
chiamare 3 6c	rufen
chiamarsi 1 2c	heißen
chiaramente 1 8a	natürlich
chiaro 1 6a	hell
chiave 3 2a	Schlüssel
chiedere* 3 6c	fragen, um etwas bitten
chiedere* informazioni 3 6d	sich erkundigen
chiesa 4 4	Kirche
chilo 5 1b	Kilo
chilometro 3 1a	Kilometer
chiudere* 1 6b	schließen
chiuso 1 9	verschlossen
ci 6 4a	dort
ci sono 4 1c	da sind, es gibt
ciao 1 2	hallo
cibo 6 4a	Essen
ciliegia 5 2	Kirsche
cinema 2 1a	Kino
cinque 1 1b	fünf
cintura 5 6c	Gürtel

cioccolato 3 5c	Schokolade
cipolla 3 5c	Zwiebel
città 1 2b	Stadt
città di provenienza 1 2b	Geburtsstadt
città di residenza 1 2b	Wohnort
classe 1 4c	Klasse
cliente 3 E	Kunde
cognato 1 7	Schwager
cognome 3 3e	Familienname
colazione 2 1a	Frühstück
collega 1 5b	Kollegin
collegamento 3 1a	Verbindung
collina 4 1a	Hügel
collocare 3 R	stellen
colore 5 6c	Farbe
Colosseo 1 1b	Kolosseum
combinazione 4 2a	Kombination
Come? 1 2c	Wie?
come pure 1 4a	so wie
Come va/vanno? 5 9c	Passt es/Passen sie?
Come va? 1 8a	Wie geht's?
Com'è? 1 9	Wie ist er/sie?
cominciare 2 9a	beginnen
commessa 5 9c	Verkäuferin
commesso 5 10	Verkäufer
comodino 3 2a	Nachttisch
compagno 1 2a	Mitschüler, Lernpartner
compilare 1 3	ausfüllen
compleanno 1 8a	Geburtstag
completare 1 2c	vervollständigen
completo 1 1b	vollständig
composto 6 8a	bestehend
comprare 5 1c	kaufen
con 1 1b	mit
concerto 2 7a	Konzert
concludere* 2 9a	beenden
confrontare 1 1a	vergleichen
connessione 3 1a	Verbindung
conoscere* 1 1b	kennen
considerare 5 5a	in Betracht ziehen
consigliare 4 E	empfehlen
consultare 2 1d	fragen

conto 3 6c	Rechnung
contorno 3 5c	Beilage
contrario 1 9	Gegensatz
controllare 1 6b	kontrollieren
controllore del traffico 1 4a	Verkehrspolizist
coperto 6 8a	überdacht
coppetta 5 4a	Schälchen
coppia 1 1a	Paar
corpo 4 5	Körper
correre* 2 1a	rennen
corretto 2 8a	korrekt, richtig
corrispondente 2 7a	entsprechend
corrispondere* 2 1a	sich beziehen
corso 1 3	Kurs
corso di ballo 2 7a	Tanzkurs
cortile 3 3b	Hof
corto 1 6a	kurz
cosa 1 3	Sache
così 1 8a	so
costare 5 9b	kosten
cotone 5 6c	Baumwolle
cotto 3 5c	gekocht
crocetta 2 7a	Kreuzchen
crosta 3 5c	Kruste
crudo 3 5c	roh
cucchiaio 4 8b	Löffel
cucina 3 4 6 6a	Küche
cucinare 3 7	kochen
cugino 1 7	Cousin
cuore 3 1a	Herz
cuscino 3 2b	Kissen

D

da 1 4a	zu
da dio 4 5	göttlich, wie ein Gott
d'accordo 1 8a	einverstanden
dai 2 6c	komm schon
dalle... alle 2 2	von ... bis
dare* su 3 3b	gehen auf
data 1 4c	Datum
data di nascita 1 4c	Geburtsdatum
dati 1 3	Daten
dati anagrafici 3 3e	Angaben zur Person
davanti a 3 2a	vor

decidere* 5 4a	beschließen
definizione 6 9a	Ausdruck
dentifricio 5 1b	Zahnpasta
dentista 1 4a	Zahnarzt
d'epoca 3 1a	historisch
descrivere* 1 5c	beschreiben
descrizione 3 1a	Beschreibung
determinante 3 1c	ausschlaggebend
detersivo 5 1b	Waschmittel
di 1 3	aus
Di che cosa? 1 5a	Worüber?
Di dove? 1 2c	woher
di fronte a 3 2a	gegenüber
di più 2 4c	am meisten
di solito 5 4c	normalerweise
dialogo 1 2a	Dialog
dicembre 1 4a	Dezember
dichiarare 5 5a	erklären
dietro 3 2b	hinter
differenza 1 4c	Unterschied
dimenticare 5 4a	vergessen
dimmi 1 4	sag mir
dio 4 5	Gott
dipendere* 2 1a	abhängen
dire* 1 4	sagen
diretto 3 1a	direkt
discussione 1 8a	Auseinandersetzung
disdire* 2 8a	absagen
disegnare 6 R	zeichnen, malen
disegno 2 R	Zeichnung
dispiacere 2 9a	Bedauern
disponibile 5 10	vorhanden
disturbo 4 6b	Beschwerde
diverso 2 7c	anderer
doccia 6 8a	Dusche
documento 3 3c	Ausweis
dolce 3 5c	Nachspeise
dolore 4 8b	Schmerz
domanda 1 2c	Frage
donna 1 2b	Frau
dopo 2 1a 2 8a	nach, danach
dopo che 3 2b	nachdem
doppio 3 3a	Doppel-
dormire 4 1a	schlafen
dotato 3 1a 6 8a	ausgestattet, ausgerüstet
dotazione 6 8a	Ausrüstung
Dove? 1 2c	Wo?
dovere* 1 8a	müssen, sollen
dritto 4 2a	geradeaus

E

e così via 3 E	und so weiter
edicola 4 2c	Zeitungskiosk
egizio 4 1a	ägyptisch
elegante 3 1a	elegant
elegantemente 6 7b	elegant
elencare 1 4b	auflisten
elettrodomestico 6 6b	Haushaltsgerät
e-mail 1 8a	E-Mail
escursione 6 1a	Ausflug
esempio 1 7	Beispiel
espressione 1 2c	Ausdruck
esprimere* 2 9a	ausdrücken
esserci* 2 8a 4 1c	dabei sein; da sein, geben
essere* 1 1b	sein, sich befinden
estate 25	Sommer
etto 5 1b	100 Gramm

F

fa 6 4a	vor
facilmente 3 1a	einfach
fama 1 4a	Ruhm
famiglia 1 5	Familie
fantasia 2 E 5 6c	Fantasie, bunt
fare* 1 1b	machen
fare* acquisti 5 8	einkaufen
fare* caldo 4 9a	warm/heiß sein
fare* camminate 6 1a	wandern
fare* colazione 2 1a	frühstücken
fare* conoscenza 1 1	(sich) kennenlernen
fare* freddo 4 9a	kalt sein
fare* il bagno 6 1a	baden
fare* la doccia 2 1a	duschen
fare* la spesa 2 1a	einkaufen
far(e)* male 4 6b	schmerzen, weh tun
far(e) sapere* 2 8a	wissen lassen
fare* snorkeling 6 1a	schnorcheln
far(e) venire* 3 3c	kommen lassen
fare* windsurf 6 1a	surfen

farmacia 4 2c	Apotheke
farmacista 4 8b	Apotheker
febbraio 1 4a	Februar
febbre 4 6b	Fieber
fermare 4 3	halten
fermata 3 1a	Haltestelle
Ferragosto 6 4a	15. August, Mitte August
festa 1 8a	Fest, Party
fiera 3 1a	Messe
figlia 1 R	Tochter
figlio 1 7	Sohn
finale 6 8a	End-
fine 1 3	Ende
fine settimana 2 4c	Wochenende
finestra 3 2a	Fenster
finire 2 1a	aufhören
fino a 2 1a	bis
fisicamente 1 R	physisch
fisico 1 4a	Physiker
fissare 2 8a	verabreden
fiume 4 1b	Fluss
foglietto 2 4c	Zettel
foglio 3 4	Blatt
fontana 4 1a	Brunnen
Foresta Nera 6 4a	Schwarzwald
fornire 3 1a	anbieten
fornito 4 1a	ausgestattet
forno 3 5c	Ofen
fortuna 5 10	Glück
foto 1 6b	Photo
fotografia 2 1a	Foto
fragola 5 2	Erdbeere
francese 1 1a	französisch
frase 1 7	Satz
fratello 1 5b	Bruder
freddo 4 9a	kalt
free-lance 2 1a	freiberuflich
fresco 5 4c	frisch
fritto 3 5c	frittiert
frizzante 3 6b	sprudelnd, mit Kohlensäure
frutta 5 1a	Obst
frutti di bosco 5 4a	Waldbeeren
fruttivendolo 5 1	Gemüsehändler
fungo porcino 3 4	Steinpilz

G

gamba 4 5a	Bein
gassato 5 5a	mit Kohlensäure
gelato 3 5c	Speiseeis
genitori 1 7	Eltern
gennaio 1 4a	Januar
Germania 6 4a	Deutschland
giallo 5 2	gelb
ginocchio 4 5a	Knie
giocare 2 7a	spielen
giocatore 1 4a	Spieler
giornale 2 4b	Zeitung
giornalista 2 1a	Journalist
giornata 2 1	Tagesablauf
giorno 1 4a	Tag
giorno della settimana 2 6a	Wochentag
giovedì 2 R	Donnerstag
girare 4 2a	drehen
giro 4 1a	Runde
giugno 1 4a	Juni
giusto 1 4a	richtig
goccia 4 8a	Tropf
gonna 5 6c	Rock
grado 4 9b	Grad
grammatica 1 E	Grammatik
grana 3 5c	Käsesorte
grande 3 6b	groß
grande magazzino 5 6a	Kaufhaus
grasso 1 6a	dick
gratinato 5 4a	gratiniert
gratuito 3 1a	gratis
gruppo 1 1b	Gruppe
guardare 1 1a	(sich) anschauen
guardare la televisione 2 1a	fernsehen
gusto 3 1c	Geschmack

I

ideale 1 4a	ideal
immaginare 2 E	sich vorstellen
immagine 1 1a	Bild
immediato 3 1a	nächster
impegno 2 7c	Termin

impermeabile 5 6c	wasserabweisend
impiegato 1 4c	Angestellter
importante 3 1b	wichtig
in 1 1b	in
in base a 1 8b 2 4b	nach, gemäß
in basso 1 2c	unten
in comune 1 3	gemeinsam
in fondo 2 1d	am Ende
in genere 2 1a	normalerweise
in giro 3 E	unterwegs
in media 1 4a	durchschnittlich
in particolare 4 3	bestimmt
in più 1 4a	mehr
in plenum 1 1a	im Plenum
in tinta unita 5 6c	uni
incluso 6 8a	inklusive
incontrarsi 2 1a	sich treffen
incrocio 4 2a	Kreuzung
indicazione 4 4	Anweisung
indietro 4 2a	zurück
indirizzo 3 3e	Adresse
indovinare 2 3b	raten, erraten
industriale 4 1a	Industrie-
informazione 1 8b	Information
Inghilterra 1 3	England
ingrediente 3 6c	Zutat
ingresso 6 6a	Eingang
inizio 1 10	Anfang
innamorato 4 1a	verliebt
insalata 3 5c	Salat
insegnante 2 1d	Lehrer/in
inserire 2 4b	einfügen
insomma 1 8a	kurz und gut
intensità 5 5a	Häufigkeit
interessante 1 8a	interessant
intero 3 1a	ganz
intervento 2 R	Eintrag
intervistare 1 3	interviewen
intimo 5 6a	Unterwäsche
invece 1 1b	dagegen, hingegen
inverno 2 5	Winter
invitare 1 5b	einladen
invito 5 4a	Einladung
involtino 3 5c	kleine Roulade
Italia 1 1b	Italien
italiano 1 1a 5 5	italienisch, Italiener

L

lago 6 3a	(der) See
laico 1 4a	weltlich
lampada 3 2a	Lampe
lana 5 6c	Wolle
lasciare 3 2b	verlassen
latte 5 1b	Milch
lavanderia 6 8a	Waschküche
lavastoviglie 6 7b	Spülmaschine
lavatrice 5 1b	Waschmaschine
lavorare 2 1a	arbeiten
lavoro 1 4	Arbeit
leggere* 1 4a	lesen
Lei 1 2c	Sie
lessico 1 E	Wortschatz
letto 3 2a	Bett
lì 3 3c	dort
libero 6 7b	frei
libro 2 1d	Buch
limone 5 4a	Zitrone
linea 3 1a	Linie
lingua 1 2b	Sprache
lista 1 1b	Liste
litro 3 6b	Liter
Londra 1 3	London
lontano 4 3	weit
loro 1 3	ihr/e
lotteria 5 10	Lotterie
luglio 1 4a	Juli
lunedì 2 6a	Montag
lungo 1 4b	lang

M

ma 1 3	aber
macchina 4 1a	Auto
macedonia 3 5c	Obstsalat
macelleria 5 1c	Metzgerei
madre 1 5b	Mutter
maggio 1 4a	Mai
maggior numero 1 1a	die meisten
maggiore 1 4a	höher
maglione 5 6c	Pullover
maglione dolcevita 5 6c	Rollkragenpulli
magnifico 6 4a	herrlich

mai 2 3c	nie, niemals
mal di denti 4 6b	Zahnschmerzen
mal di gola 4 6b	Halsschmerzen
mal di pancia 4 6b	Bauchschmerzen
mal di schiena 4 6b	Rückenschmerzen
mal di stomaco 4 6b	Magenschmerzen
mal di testa 4 6b	Kopfschmerzen
malanno 1 4a	Übel, Krankheit
mancante 5 5a	fehlend
mancare 1 4a	fehlen
mandorla 3 5c	Mandel
mangiare 2 1a	essen
mano 4 5a	Hand
manovratore del treno 1 4a	Zugführer
manzo 3 5c	Rindfleisch
marca 5 8	Marke
mare 2 8a	Meer
marinato 3 5c	mariniert
marito 1 5	Ehemann
marrone 1 6a	braun
martedì 2 3a	(diesen) Dienstag
marzo 1 4a	März
matrimoniale 3 3a	Ehe-
mattina 2 1a	Morgen, Vormittag
maturo 5 3a	reif
media 1 4a	Durchschnitt
medico 4 8b	Arzt
medico generico 1 4a	Allgemeinarzt
mela 5 1b	Apfel
memoria 1 6b	Gedächtnis
memorizzare 1 6b	auswendig lernen
meno 1 4a 2 2	weniger, vor
mensa 2 1a	Kantine, Mensa
mentre 5 5a	während
menu 3 5b	Karte
mercato 5 4c	Markt
mercoledì 2 8a	Mittwoch
mese 1 4a	Monat
Messia 1 4a	Messias
metro 3 1a	Meter
metropolitana 3 1a	U-Bahn
mettere* 4 8b	einreiben
mettere* al mondo 1 4a	gebären
mettere* in ordine 2 1a 2 4a	aufräumen, einordnen
mettere* in tavola 5 5a	auftischen
mettere* una crocetta 2 7a	ankreuzen
mettersi* 2 1a	sich setzen, sich stellen
mezzanotte 2 2	Mitternacht
mezzo 2 1d	halb
mezzo pubblico 4 1a	öffentliches Verkehrsmittel
mezzogiorno 2 1b	Mittag
Mi dispiace! 2 8	Es tut mir leid!
mimare 4 7	mimisch darstellen
minestrone 3 5c	Gemüsesuppe
minuto 1 1a	Minute
mio 1 7	mein, meiner
mobile 6 6b	Möbelstück
modello 3 3f	Muster, Beispiel
modulo 3 3e	Formular
moglie 1 5	Ehefrau
molto 1 8a	sehr, viel
momento 1 4a	Moment
mondo 1 1	Welt
monolocale 6 8a	Einzimmerwohnung
montagna 2 4c	Berg(e)
monumento 1 1b	Monument, Denkmal
mostrare 3 6d	zeigen
muratore 1 4a	Maurer
museo 4 1a	Museum
musicista 1 4a	Musiker

N

nascita 1 4c	Geburt
nascondersi* 3 5b	sich verstecken
nato 1 4	geboren
natura 4 1b	Natur
naturale 4 4	Natur-
(acqua) naturale 3 6b	still
navetta 3 1a	Shuttlebus
nazionalità 1 1a	Nationalität
nazione 3 3e	Land
ne 5 3a	davon
neanch'io 2 4c	ich auch nicht
nebbia 4 9a	Nebel
negozio 5 1c	Geschäft

nelle vicinanze di 3 1c	in der Nähe von
nero 3 5c	schwarz
nevicare 4 9a	schneien
niente 6 4a	nichts
nipote 1 7	Neffe, Nichte, Enkelkind
noioso 1 8a	langweilig
nome 1 2b 3 3e	Name, Vorname
nome di parentela 1 R	Verwandtschafts-bezeichnung
nominare 1 8a	nennen
non mi va 2 6c	ich habe keine Lust
non... ancora 1 8a	noch nicht
nonni 1 7	Großeltern
normalmente 6 1b	normalerweise
nostro 1 10	unser, unserer
notte 2 1a	Nacht
novembre 1 4a	November
numero 1 1a 5 9c	Zahl, Schuhgröße
nuotare 6 1a	schwimmen
nuovo 1 10	neu
nuvoletta 2 1b	Wölkchen
nuvolo 4 9a	wolkig
nuvoloso 4 9a	wolkig

O

occhiali 1 6a	Brille
occhio 1 6a	Auge
Oddio! 4 7	Oh, mein Gott!
offrire* 3 1a	anbieten
oggi 5 4a	heute
ogni 1 10	jeder
ognuno 2 4b	jeder
oltre la media 1 4a	überdurchschnittlich
oppure 2 1a	oder
ora 2 1a	Stunde
ordinare 3 6a	bestellen
ordine 2 5	Reihenfolge
oretta 4 1a	Stündchen
organizzare 1 5b	organisieren, planen
organizzarsi 2 1a	sich organisieren
originale 3 1a	originell
ospite 3 2b	Gast
ossobuco 3 5c	Kalbshaxe
ottimo 3 1a	sehr gut, hervorragend
ottobre 1 4a	Oktober

P

padre 1 R	Vater
pagina 1 1a	Seite
palazzo 3 1a	Palast, Gebäude
palazzo d'epoca 3 1a	historischer Palast
palestra 2 1a	Turnhalle, Fitness-center
pancia 4 5a	Bauch
pane 5 1b	Brot
panetteria 5 1c	Brotladen, Bäcker
panna 3 5c	Sahne
panorama 1 1	Panorama, Ausblick
pantaloni 5 6c	Hose
parcheggio 3 1a	Parkplatz
parco 3 3b	Park
parente 1 10	Verwandter
parentela 1 R	Verwandtschaft
parlare 1 2a	sprechen
parmigiano 5 1b	Parmesankäse
parola 1 7	Wort
parrucchiere 2 8b	Friseur
parte 4 5b 4 10	Teil, Ort
partecipare 2 R	teilnehmen
partenza 3 3a	Abreise
particolare 3 6c	besonderer
particolarmente 3 4	besonders
partire 2 6b	abfahren, losfahren
passante 4 3	Fußgänger
passare 2 7c 4 8b	verbringen, aufhören
passeggiata 2 7a	Spaziergang
pasticceria 5 1c	Konditorei
pastiglia 4 8a	Tablette
pasto 4 8b	Mahlzeit
patata 3 5c	Kartoffel
pausa 2 1a	Pause
pausa pranzo 2 1a	Mittagspause
pelle 5 6c	Leder
pensare 1 8a	denken
pensionato 1 4c	Rentner, Pensionär
per 1 4a 1 6a	für, um ... zu
per favore 3 6c	bitte

per primo 2 5	als erster
pera 5 1b	Birne
percentuale 1 4a	Prozentsatz
perché 1 4a 1 10	weil, warum
perdere* 2 8a	verlieren
perfetto 1 4a	perfekt
periodo 1 4a	Periode, Zeitraum
permettere* 3 1a	erlauben, ermöglichen
persona 1 2a	Person
pesce 3 5c	Fisch
pescivendolo 5 1c	Fischverkäufer, Fischgeschäft
piacere 3 4	schmecken, gefallen
piantina 4 4	Karte
piatto 3 1a	flach
piatto 3 4 3 5c	Gericht, Gang
piazza 3 1a	Platz
piccolo 3 6b	klein
piede 4 5a	Fuß
pilota 1 4a	Pilot
pinacoteca 4 R	Pinakothek
piovere 4 9a	regnen
piscina 2 7a	Schwimmbad
più 1 4a	mehr
più lungo 1 4b	länger
piuma d'oca 5 6c	Gänsedaune
piumino 5 6c	Daunenmantel/-jacke
poco 1 3	wenig
poi 1 1a	dann
politico 1 4a	Politiker
pollo 3 5c	Huhn
pomata 4 8a	Salbe
pomeriggio 2 1b	Nachmittag
pomodoro 3 5c	Tomate
porta 3 2a	Tür
portare 1 10 59c	bringen, tragen
portarsi dietro 1 4a	mit sich ziehen
posizione 3 1a	Lage
possibile 4 2a	möglich
possibilità 1 4a	Möglichkeit, Wahrscheinlichkeit
posta 4 2c	Postamt
posto 3 6c	Stelle
posto auto 6 8a	Stellplatz
potere* 1 8a	können

pranzo 2 1a	Mittagessen
precedente 2 1a	vorig
preferire 5 8	vorziehen
preferito 3 4	Lieblings-
premio Nobel 1 4a	Nobelpreis(träger)
prendere* 2 7b 3 6b	ausmachen, nehmen
prendere* il sole 6 1a	sich sonnen
prenotare 3 3d	buchen
preparare 2 1a	vorbereiten
presentare 1 10	vorstellen
presente 5 5a	anwesend
presidente 1 4a	Präsident
preso 4 1a	entnommen
presto 2 1a	früh
prezzo 5 8	Preis
prima di 2 1a 2 4b	bevor, vor
primavera 2 5	Frühling
primo 2 5	erster
problema 4 1a	Problem
professione 1 4a	Beruf
profumeria 5 6a	Parfümerie, Kosmetikabteilung
proporre* 2 6b	vorschlagen
proposta 2 6d	Vorschlag
proprio 6 4a	gerade
prosciutto 3 5c	Schinken
prossimo 2 8a	nächster
provare 3 5d 5 9b	versuchen, kosten; anprobieren; probieren
provenienza 1 2b	Herkunft
pulizia 6 8a	Reinigung
pullman 4 1a	Bus
punto 2 1d	Punkt
pure 1 4a	auch
puro 6 4a	rein
purtroppo 2 8a	leider

Q

QI (quoziente intellettivo) 1 4a	Intelligenzquotient
qualche 2 1a	einige
qualche volta 2 4a	manchmal
qualcosa 2 1a	etwas
qualcuno 3 3c	jemand

quali 1 2a	welche
qualità 5 8	Qualität
quando 1 4 1 8a	wann, als
Quante volte? 5 8	Wie oft?
Quanti? 1 2c	Wie viele?
quantità 5 1b	Menge
Quanto tempo? 6 5a	Wie lange?
quelli 1 7	jene
quello che 3 3f	derjenige, der
questo 1 4c	dieser
qui 3 3c	hier
qui vicino 3 3c	hier in der Nähe
quindi 2 1a	also
quotidiano 2 1 2 1a	täglich, Tageszeitung

R

raccontare 1 3	erzählen
raffigurare 2 3a	abbilden
raffigurato 1 2a	abgebildet
raffreddore 4 6b	Schnupfen
ragazza 1 8a	Mädchen, junge Frau
(la mia) ragazza 2 1a	(meine feste) Freundin
ragazzo 6 4a	Junge, Freund
(il mio) ragazzo 6 4a	(mein fester) Freund
raggiungere* 3 1a	erreichen
ragù 3 5c	*Soße (aus Fleisch, Fisch)*
rapporto di parentela 1 7	Verwandtschafts-verhältnis
rappresentare 1 4c	vertreten
raramente 2 4a	selten
ravioli 3 5c	*Teigtaschen mit Füllung*
reception 3 1	Rezeption
relax 6 4a	Entspannung
religioso 1 4a	religiös
reparto 5 6b	Abteilung
residenza 1 2b	Wohnsitz
ricco 3 1a	reichhaltig, üppig
richiesta 3 3e	Anfrage, Wunsch
richiesto 2 1d	erfragt
riconoscere* 5 1a	erkennen, wieder-erkennen
ricotta 3 5c	*quarkähnlicher Frischkäse*
rientrare 2 1a	nach Hause zurückkommen
riferire 1 4c	berichten
riferirsi 4 1a	sich beziehen auf
rifiutare 2 6d	ablehnen
rilassarsi 6 7b	sich entspannen
rileggere* 1 4b	noch einmal lesen
rimandare 2 8a	verschieben
rimanere* 5 1c	(übrig) bleiben
ripetere 3 E	wiederholen
ripieno 3 5c	gefüllt
riportare 2 8b	wiedergeben
riprendere* 2 1a	wieder anfangen
riquadro 4 2a	Kasten
riservato 6 8a	reserviert
riso 5 5a	Reis
risotto 3 5c	*Reisgericht*
rispondere* 1 3	antworten
risposta 2 2	Antwort
ristorante 3 4	Restaurant
risultato 5 5b	Ergebnis
riuscire* 2 5	schaffen, gelingen
Roma 1 1b	Rom
romantico 4 1a	romantisch
rosso 5 2	rot
ruolo 5 10	Rolle

S

sabato 2 R	Samstag
sale 3 5c	Salz
salsa 3 5c	Soße
salsa gremolada 3 5c	*Soße aus Knoblauch, Petersilie und geriebener Zitrone*
sapere* 1 2b 3 7	wissen, können
scambiare 3 3f	tauschen, austau-schen
scarpa 5 6c	Schuh
scegliere* 1 6a	auswählen, aussuchen
scelta 3 1a	Auswahl
scheda 1 3	Formular
schema 2 4a	Schema
schermo 3 1a	Bildschirm
schiena 4 5a	Rücken
schizofrenico 1 4a	Schizophrener
sci 4 1a	Skifahren

sciare 6 1a	Ski fahren
sciroppo 4 8a	(Husten)saft
scoglio 3 5c	Klippe, Fels
scorso 6 4a	letzter, vergangener
scrivere* 1 1a	schreiben
scuola 2 1a	Schule
scuro 1 6a	dunkel
scusare 3 6c	entschuldigen
se 1 4a	wenn
secondo 2 1d	zweiter
secondo voi 1 2a	Ihrer/eurer Meinung nach
sedano 5 1b	Sellerie
segnare 2 6c	kennzeichnen
seguente 1 4a	folgend
semaforo 4 2a	Ampel
sembrare 1 8a	scheinen
semifreddo 3 5c	Halbgefrorenes
sempre 2 1a	immer
sentire 2 6c	hören
senza 4 1c	ohne
seppia 3 5c	Tintenfisch
sera 2 1a	Abend
serie 6 5a	Reihe
serio 1 8a	ernst, seriös
servire 3 6c 5 4a 5 10	servieren; nützlich sein, brauchen; bedienen
servizio 3 1a	Betrieb
seta 5 6c	Seide
settembre 1 4a	September
settimana 2 6a	Woche
settimanale 5 5a	wöchentlich
signora 4 2c	Dame
simbolo 4 9b	Symbol
simile 5 8	ähnlich
simpatico 1 8a	sympathisch
singolo 3 3a	Einzel-
sito Internet 4 1a	Internetseite
situato 3 1a	gelegen
situazione 4 3	Situation
snello 1 6a	schlank
sodo 5 3a	fest
soggiorno 6 6a	Wohnzimmer
sogno 6 4a	Traum
sole 4 9a	Sonne
solo 1 8a 5 7a	nur, einzig
somiglianza 1 4c	Ähnlichkeit
somigliare 2 4c	ähneln
sonnellino 2 4b	Nickerchen
sopra 3 2a	über
sorella 1 7	Schwester
sotto 1 2a 3 2a	unten, unter
sottolineare 1 4a	unterstreichen
spagnolo 1 1b	spanisch
spazio 3 R	Raum
spazioso 3 1a	geräumig
specchietto 1 2c	Kästchen
speciale 6 4a	besonderer
spendere* 5 10	ausgeben
spesa 5 1	Einkauf
spesso 2 4a	oft
spiaggia 6 4a	Strand
spiegare 1 10	erklären
sposato 1 2c	verheiratet
stabilire 6 9c	bestimmen, entscheiden
stagione 4 1a	Jahreszeit
stanza 6 6b	Zimmer
stare* 2 7a 6 5a	sitzen, sich aufhalten, bleiben, sein
Stati Uniti 1 4a	Vereinigte Staaten
statistica 5 5b	Statistik
stato civile 1 2b	Familienstand
stazione 3 1a	Bahnhof
stella 3 1a	Stern
stesso 3 1c	gleicher, derselbe
storia 4 4	Geschichte
storico 3 1a	historisch
stoviglie 6 8a	Geschirr
strada 3 3b	Straße
strano 2 8b	komisch
strapagato 1 4a	hochbezahlt
striscia 5 6c	Streifen
struttura 3 1a	Gebäude
su 1 1 3 2a	über, auf
sugo 5 3a	Soße
sulla base di 2 R	anhand
sulla destra 4 2d	auf der rechten Seite
sulla sinistra 4 2d	auf der linken Seite
suo 1 5b	sein/ihr
suocera 1 5b	Schwiegermutter

supermercato 4 4	Supermarkt
svegliarsi 2 1a	aufwachen

T

tabella 1 2c	Tabelle
tacco 5 6c	Absatz
taglia 5 9b	Größe
tagliatelle 3 4	*Bandnudeln*
tagliolini 3 5c	*sehr dünne Bandnudeln*
tantissimo 6 4a	sehr viel
tanto 1 4a 2 8a	viel, so sehr
tappeto 3 2a	Teppich
tardi 2 1a	spät
tavola 5 5	Tisch, Tafel
tavolo 3 6c	Tisch
teatro 2 1a	Theater
telefono 3 2a	Telefon
tema 1 4c	Thema
tempo 1 1a 4 5	Zeit, Wetter
tempo libero 2 7a	Freizeit
terzo 2 1d	dritter
tessuto 5 6c	Stoff
testa 4 5a	Kopf
testo 1 4b	Text
tipico 2 1a 6 3a	typisch, charakteristisch
tipo 3 3a	Typ
tipologia 6 8b	Art
tornare 2 1a	zurückkommen
torre 1 1b	Turm
torta 3 5c	Kuchen
toscano 6 4a	von/in der Toskana, toskanisch
tosse 4 6b	Husten
tra 1 5 5 5a	zwischen, unter
tram 4 1a	Trambahn
tranquillo 3 3c	ruhig
trascorrere* 2 8a	verbringen
trattarsi 4 1c	sich (um etw.) handeln, (um etw.) gehen
tre 1 1b	drei
treno 4 1a	Zug
trilocale 6 8a	Dreizimmerwohnung
troppo 1 8a 2 1a	zu viel, zu
trota 3 5c	Forelle
trovare 1 7	finden
trovarsi 1 1b	sich befinden
tu 1 2c	du
turchese 6 4a	türkis
turismo 3 1a	Tourismus
tutti 2 1a	alle

U

un'altra volta 1 2b	noch einmal
unico 6 4a	einzigartig
uno di voi 1 6b	einer von Ihnen/euch
usare 1 2c	benutzen
uscire* 2 1a	ausgehen
uscita 2 1a	Ausgang
usufruire 6 8a	benutzen
utile 1 7	nützlich
utilizzare 1 2c	benutzen

V

va bene 2 6c	OK, es geht in Ordnung
vacanza 2 8a	Urlaub, Ferien
valigia 3 R	Koffer
venire* 3 3c	kommen
vento 4 9a	Wind
veramente 6 4a	wirklich
verbo 2 1d	Verb
verde 1 6a	grün
verdura 3 5c	Gemüse
verificare 3 6b	prüfen, überprüfen
vero 5 6c	echt
verso 2 1a	gegen
vestirsi 6 7b	sich anziehen
vestito 5 6c	Kleid
vetrina 5 9c	Schaufenster
vi 2 4c	euch
viaggiare 1 8a	reisen, verreisen
viaggio 6 4a	Reise
viaggio organizzato 6 9a	Gruppenreise
vicinanza 3 1a	Nähe
vicinissimo 4 1a	sehr nah

vicino 1 5b	Nachbar
vicino a 3 1c	neben
vignetta 4 8b	Zeichnung
villaggio turistico 6 9a	Feriendorf
vincente 3 4	Gewinn-
vincere* 1 1b	gewinnen
vino 2 4b	Wein
visitare 4 1a	besichtigen
vista 3 3c	Sicht
vitello 3 5c	Kalbfleisch
vivere* 1 4a	leben
volere* 1 4a	wollen
volta 1 2b	Mal
vorrei 2 8a	ich möchte
vostro 1 3	Ihr/euer
votare 4 10	wählen, abstimmen

Y

yogurt 5 1b	Joghurt

Z

zabaione 3 5c	*Schaumcreme aus Eigelb, Zucker und Marsala*
zio 1 7	Onkel
zona 3 1a	Teil, Zone, Bereich

Transkriptionen der Hördialoge

Lezione 1

2.

♠ Ciao! Vuoi qualcosa da bere?
♣ Beh, grazie, ma ho già qualcosa.
♠ Ah, sì... senti, io sono Matteo.
♣ Ciao, io sono Anne.
♠ Ah, e di dove sei?
♣ Sono danese, di Copenaghen.
♠ Ah, sei di Copenaghen! E com'è la città? Non ci sono mai stato.
♣ Ahhh, è una bella città, vivace... aperta... ci sono tante cose da vedere, monumenti, musei... E tu, sei di qui?
♠ Beh, a dire il vero, no: vivo qui, a Bologna, perché faccio l'università qui, ma sono di Ravenna. Ma tu che cosa fai a Bologna?
♣ Vivo qui perché mio marito è di Bologna.
♠ Ah... E dove hai imparato l'italiano?
♣ Qui in Italia, perché?
♠ No, niente... così... perché lo parli bene!
♣ Mah, veramente parlo meglio l'inglese e il tedesco.
♠ Complimenti! Parli tutte queste lingue! Io parlo l'inglese... così... un pochino... Ma quanti anni hai?
♣ Ventiquattro, e tu?
♠ Ventisei... Eh, sei già sposata...
♣ Eh, sì...
♠ Eh, già... Bella festa, eh?
♣ Sì, veramente bella!

5.

♦ Ti ricordi che fra due settimane è il mio compleanno?
♥ Eh... certo, come no!
♦ Senti, che ne dici di fare una festa?
♥ Una festa!?
♦ Sì, non facciamo mai niente, quest'anno vorrei festeggiare...
♥ Beh, per me...
♦ Allora, vorrei invitare un po' di persone... per esempio alcune colleghe: Marina, Giusi, Roberta...
♥ Marina?
♦ Ma sì, dai, Marina, quella alta, con i capelli scuri, lunghi, molto simpatica...
♥ Ah sì, quella con gli occhiali...
♦ No, per la verità no, quella con gli occhiali è Roberta, ma lei è piuttosto bassa e ha i capelli biondi.
♥ Vabbè, le tue colleghe, e poi?
♦ Poi naturalmente mio fratello, i nostri vicini.
♥ Quali vicini?
♦ Ma i Rossetti, con gli altri ci salutiamo appena.
♥ No, ti prego, lui è così antipatico.
♦ Ma come!? Con me è sempre gentilissimo.
♥ Ah!
♦ Ma che vai a pensare? Senti, poi, vabbè, i soliti amici: Martina e Antonio, Luigi e Betta... le mie amiche del fitness...
♥ Beh, allora direi di invitare anche i miei amici.
♦ Beh, è il mio compleanno!
♥ Sì, vabbè, ma non vorrai mica invitare solo donne!
♦ No, no, c'è anche mio fratello!
♥ Ah, sì, allora possiamo invitare anche i miei genitori!
♦ I tuoi genitori?
♥ E sì, perché no?
♦ Sì, i tuoi genitori, tua zia, tua nonna, tua cugina...

Lezione 2

3.

La mattina non faccio mai colazione, bevo velocemente un caffè e comincio a lavorare. Sto al computer per un paio d'ore e poi vado al bar e prendo qualcosa lì. Lavoro fino alle 18.30, poi qualche volta prendo un aperitivo con gli amici o vado in centro, faccio un po' di spese. La sera non cucino mai: o vado al ristorante o metto qualcosa nel microonde. Il lunedì sera vado sempre da mia madre, è un appuntamento fisso, mentre il martedì vado sempre in palestra, poi di solito faccio una sauna.

6.

♦ Pronto?
♥ Ciao, amore.
♦ Ah, ciao, sei tu.
♥ Sì, senti, sono in ufficio, prima ho sentito Luca...
♦ Sì.
♥ Stavamo pensando di organizzare qualcosa per il ponte del 25 aprile.
♦ Che giorno è?
♥ Beh, il 25.
♦ Sì, ma che giorno della settimana?
♥ Ah... è giovedì. Quindi venerdì possiamo prendere un giorno di ferie e così passare qualche giorno al mare. Che ne dici?
♦ Aspetta che devo controllare la mia agenda... Mmmm...
♥ Che c'è?
♦ Beh, mercoledì sera ho un appuntamento con le mie amiche. Possiamo partire giovedì mattina...
♥ No, dai, sai il traffico che c'è all'inizio di un fine settimana lungo.
♦ Partiamo di pomeriggio!
♥ E no, dai, non mi va, così perdiamo un giorno! Partiamo mercoledì sera, dai!
♦ Ma scusa, giovedì venerdì sabato e domenica, sono quattro giorni.
♥ E il viaggio? Se calcoli il viaggio, ci rimangono solo due giorni.
♦ Uffa, e poi, dove vuoi andare?
♥ Beh, andiamo al mare!
♦ Sì, vabbè, ma dove?
♥ Che ne dici delle Cinque Terre?
♦ No, dai, è sempre così pieno di turisti...
♥ Luca ha proposto Capri...
♦ Che bello!
♥ Ma è troppo cara...
♦ Perché... le Cinque Terre sono forse gratis?
♥ Sono meno care e poi, scusa, forse che a Capri non ci sono turisti?
♦ Con te non si può parlare! Non facciamo mai niente di veramente interessante! Capri... tutti quei bei negozi... quella bella gente...
♥ Non ti arrabbiare! Senti, intanto... non puoi rimandare l'appuntamento con le tue amiche?
♦ Sei sempre il solito! Devo sempre fare come vuoi tu! Uffa!

Lezione 3

3.

♠ Buongiorno!
♣ Buongiorno! Mi chiamo Martini, abbiamo una camera prenotata...
♠ Un momento, vediamo... signor Martini... sì, una doppia dal 14 al 17 maggio. Benvenuti!
♣ Grazie!
♠ Posso avere i documenti, per favore?
♣ Sì, eccoli.
● Senta, la camera è tranquilla?
♠ Sì, certo, la camera dà sul cortile interno, quindi è molto tranquilla.
● Ah, allora non ha una bella vista...
♠ Beh, dà sul cortile...
♣ Va bene, tanto in camera ci stiamo per dormire... Senta, c'è l'aria condizionata?
♠ Sì, certo!
♣ E la cassaforte?

♣ Sì.
● Ho letto in Internet che c'è la fermata della metropolitana qui vicino.
♠ Sì, è proprio qui, in fondo alla strada. Allora… queste sono le chiavi, la camera è la 221, adesso faccio venire qualcuno per i bagagli, lì c'è l'ascensore…
● Grazie!
♣ Ah, dimenticavo… c'è il fitness?
♠ No, mi dispiace.

6.

♠ Buongiorno!
♥ Buongiorno! Un tavolo per due persone, se possibile fuori.
♠ Aspetti… Sì… va bene qui?
♦ ♥ Sì, grazie!
♠ Ecco il menù…
♥ Grazie!
… …
♥ Ah, guarda, fanno l'ossobuco, «in salsa gremolada»… Ma che cos'è?
♦ Mah, non lo so… Chiama il cameriere, così chiediamo…
♥ Senta, scusi!
♠ Sì, mi dica!
♥ Una domanda: la salsa gremolada com'è fatta?
♠ La salsa gremolada è a base di aglio, prezzemolo e buccia di limone grattugiata e si mette sulla carne a fine cottura, dà un sapore molto particolare…
♦ Nell'insalata di mare c'è l'aglio?
♠ Sì, un pochino d'aglio c'è, sì.
♦ No, allora no, l'aglio non mi piace.
♥ L'ossobuco è servito con…
♠ L'ossobuco è servito con risotto allo zafferano.
♥ Perfetto, lo prendo!
♠ Prende un primo?
♥ No, c'è il risotto con l'ossobuco… magari prendo un antipasto… sì, prendo il carpaccio!
♠ Va bene, e per lei, signora?
♦ L'insalata di pomodori… com'è fatta? Com'è il condimento?
♠ Beh, ci sono i pomodori… con le cipolle…
♦ Ah no, le cipolle, no.
♠ Possiamo farla senza cipolle…
♦ Sì, allora senza cipolle, per favore, e senza aceto balsamico!
♠ Porto olio e aceto in tavola, va bene?
♦ Va bene… Di secondo…
♠ Sì…
♦ Di secondo… non so… Che cosa mi consiglia?
♠ Mah, preferisce carne o pesce?
♦ Il pesce è fresco?
♠ Sì, certo!
♦ Però oggi ho voglia di carne…
♥ Allora, scusa, perché chiedi…?
♦ Così… non si può chiedere?
♥ Mamma mia… Senti, io ho fame…
♦ Va bene, va bene… Prendo il pollo!
♠ Benissimo. E da bere?
♥ Una bottiglia di acqua minerale frizzante.
♠ Grande o piccola?
♥ Grande e… ti va bene del vino rosso?
♦ Sì.
♥ Avete un vino della casa?
♠ Sì, è un Valpolicella.
♥ Va bene, mezzo litro, direi.
♠ Perfetto! Grazie!
♥ Grazie a lei!

Lezione 4

2.

♠ Senta, scusi!
♣ Buongiorno, mi dica!
♠ Buongiorno, senta, c'è una farmacia qui vicino?
♣ Sì, allora… va' avanti dritto fino all'incrocio, poi gira a sinistra e va' avanti…
♠ Sì…
♣ Arriva a una piazza, la vede, c'è una fontana…
♠ Sì…

- ♣ Attraversa la piazza e va' un po' avanti e sulla destra vede la farmacia.
- ♠ Ma... è lontana?
- ♣ No, no, sono tre, quattro minuti a piedi; lei va' avanti fino all'incrocio, gira a sinistra, attraversa la piazza, va' un po' avanti e sulla destra c'è la farmacia.
- ♠ Grazie! Ah, sa se è ancora aperta?
- ♣ Beh, che ore sono? ... le 7... sì, chiudono alle 7 e mezzo, credo.
- ♠ Bene, grazie ancora!
- ♣ Prego!

6.

- ♥ Ohi, ohi!
- ♦ Amore! Sei in casa? Sono tornata!
- ♥ Ahi, che male!
- ♦ Oddio, che è successo?
- ♥ Ah!
- ♦ Ma parla, per carità! Che hai?
- ♥ Un male!
- ♦ Ma cosa ti fa male?
- ♥ Tutto!
- ♦ Come, tutto?
- ♥ Sì, guarda, sto di un male...
- ♦ Hai chiamato un medico?
- ♥ No!
- ♦ Ma che hai di preciso?
- ♥ Mah, mal di testa, mal di schiena...
- ♦ Ma quando è cominciato?
- ♥ Oggi pomeriggio...
- ♦ Hai la febbre?
- ♥ Mah, no, non credo...
- ♦ E la schiena?
- ♥ Mi fa un male!
- ♦ Ma ti puoi muovere?
- ♥ Beh, sì...
- ♦ Ah... E poi?
- ♥ Le gambe!
- ♦ Che hanno le gambe?
- ♥ Mi fanno male!
- ♦ Anche le gambe?
- ♥ Sì... E ho anche mal di gola!
- ♦ Ah, allora è un'influenza!
- ♥ Un'influenza?
- ♦ Ma sì, certo, ti fa male un po' tutto, è tipico!
- ♥ Io sto male da morire e tu pensi a un'influenza!
- ♦ Ma certo, con questo tempo è normale! Un giorno fa caldo, il giorno dopo piove, fa freddo, c'è vento... In ufficio sono tutti malati: Monica ha il raffreddore, Giulio ha la tosse... Perché non prendi un'aspirina!
- ♥ Sì, figurati, un'aspirina...
- ♦ Allora non mangi stasera...?
- ♥ Come, non mangio?
- ♦ Beh, sì, se stai tanto male, ti faccio una minestrina!
- ♥ Una minestrina? E perché non un piatto di pasta?
- ♦ Allora non hai mal di stomaco...
- ♥ No...
- ♦ Ah! Va bene... un piatto di pasta...
- ♥ E di secondo?
- ♦ Ma come, vuoi anche il secondo?
- ♥ Certo, oggi non ho mangiato quasi niente!
- ♦ Ma tu guarda! ...

Lezione 5

1.

- ♠ Buongiorno!
- ♣ Buongiorno. Mi dica!
- ♠ Vorrei dei pomodori.
- ♣ Da sugo o...
- ♠ No, no, da insalata.
- ♣ Questi vanno bene?
- ♠ Sì, non sono troppo maturi, no?
- ♣ No, no, questi sono ancora belli sodi...
- ♠ Ah, va bene... un chilo.
- ♣ Poi?
- ♠ Del sedano... e mezzo chilo di carote.
- ♣ Sedano, carote, ...altro?
- ♠ Sì, vorrei delle pere.
- ♣ Vanno bene le Abate?
- ♠ Ma come sono... sono mature?
- ♣ Sì, sì, sono belle mature. Quante ne vuole?

♠ Ne prendo un chilo.
♣ Altro?
♠ No, basta così. Quant'è?
♣ Sono 5 e 49.

9.
♥ Ma... stasera... che mangiamo?
♦ Il pollo, no?
♥ Ah, hai già fatto la spesa?
♦ Certo! Stamattina!
♥ E quando vuoi cucinare? No, perché sono già le...
♦ Oddio, non mi stressare, una volta che andiamo insieme in centro!
♥ No, volevo solo...
♦ Ah!
♥ Che c'è?
♦ Guarda che belle scarpe!
♥ Dove?
♦ Quelle grigie, con i tacchi...
♥ Belle? Con quei tacchi?
♦ Divine!
♥ No, no, i tacchi sono troppo alti; ma come fai a camminare?
♦ Scusa non devo mica fare la maratona! Ma per l'ufficio...
♥ Per l'ufficio? Ma sei matta? Otto ore su quei tacchi?
♦ Ah, che belle...!
♥ Andiamo, va'...
♦ Aspetta!
♥ Oddio, e adesso che c'è?
♦ La gonna!
♥ Che gonna?
♦ Entriamo!
♥ Ma come? E poi è tardi...
♦ Senti, adesso vieni con me, devo provare quella gonna!
♥ O mamma mia... e poi dove la trovi dentro un grande magazzino, non abbiamo tanto tempo!
♦ Vieni, lì c'è la scala mobile, l'abbigliamento femminile è al primo piano.
... ...
♦ Senta, io ho visto una gonna in vetrina.
● Dove?
♦ Mah... nella vetrina proprio vicino alla porta, è una gonna rossa... di lana...
● Ah, sì, ho capito, venga! Eccole qui, che taglia porta?
♦ La 42.
● Ecco a lei.
♦ Posso provarla?
● Sì, certo, lì ci sono i camerini.
♦ Grazie!
... ...
♦ Come mi sta?
♥ Quanto costa?
♦ Aspetta che guardo... 250 €.
♥ Ammazza quanto è cara!
♦ Allora, come mi sta?
♥ Uhm, secondo me non ti sta bene...
♦ Ma come, è perfetta!
● Allora, come va?
♦ Bene, la prendo!
♥ Ma come, è carissima...
♦ Senta, mi può dire dov'è il reparto calzature?
♥ Coosaaa?

Lezione 6

2.
♠ Ehi, Isabella, ciao!
♣ Ciao, Giovanni, come va?
♠ Mah, insomma, abbastanza bene, però, guarda, con questo caldo...
♣ Eh, sì, effettivamente... ma... non vai in vacanza?
♠ Mah... forse in settembre... devo ancora organizzare, però. E tu, sei già stata in vacanza?
♣ Sì, io sono andata al mare, anzi siamo andati al mare come ogni anno, al solito posto al Gargano.
♠ E quanto siete rimasti?
♣ Beh, io e i bambini due settimane e Beppe, mio marito, una. Sì, io e i bambini siamo

partiti a fine giugno e una settimana dopo è arrivato anche Beppe.
♠ È andata bene la vacanza?
♣ Mah, sì, ho fatto molti bagni, sai, a me piace nuotare, e poi ho avuto finalmente tempo di leggere tutti i libri che non leggo durante l'anno, Beppe invece ha fatto windsurf e ha giocato con i bambini, sai, lui lavora molto e almeno in vacanza cerca di passare un po' di tempo con loro!

7.
♦ Indovina un po' chi ho incontrato oggi in centro?
♥ E che ne so?
♦ Giulia!
♥ Ah! Giulia chi?
♦ Ma Giulia, la moglie di Sandro Grassi!
♥ Ah... e allora?
♦ Ma come, allora? Mi ha raccontato dove sono stati in vacanza l'anno scorso!
♥ E dove sono stati?
♦ In Sardegna!
♥ Ah! E allora?
♦ A Porto Cervo, in un hotel a cinque stelle!
♥ Sì, vabbè, ma a me che me ne importa?
♦ A te forse no, ma a me sì!
♥ E perché?
♦ Perché quest'anno voglio andare anch'io in hotel!
♥ In hotel? Ma no, dai!
♦ E perché no?
♥ Intanto costa un sacco di soldi e poi a me non piace essere legato a certi orari. In un appartamento uno è più libero di fare quello che vuole, alzarsi quando vuole, fare colazione quando vuole, non deve cambiarsi due o tre volte al giorno...
♦ Uffa! Sempre la stessa storia!
♥ Ma sì, dai, almeno in vacanza... rilassarmi... Senti, proprio ieri ho parlato con Giacomo e mi ha detto che loro sono stati in Abruzzo l'anno scorso...
♦ Ecco! Addio Sardegna...
♥ Ma no, aspetta! Allora, sono stati in un appartamento proprio di fronte al mare, con il balcone vista mare, appunto, un appartamento comodissimo, non caro...
♦ Ecco, appunto...
♥ Aspetta... Sono stati benissimo. Giacomo mi ha dato tutti i dati e anche il numero di telefono dell'agenzia. Ho già guardato in internet per informarmi un po'.
♦ E bravo!
♥ Allora, l'appartamento ha una camera matrimoniale, un soggiorno con balcone, una piccola cucina, un bagno, naturalmente, è vicino alla spiaggia...
♦ A che piano è?
♥ Al terzo piano...
♦ C'è l'ascensore?
♥ Questo non lo so...
♦ C'è la lavatrice?
♥ Sì!
♦ E la lavastoviglie?
♥ No, ma noi non vogliamo cucinare tanto, se andiamo lì, possiamo anche uscire a cena, possiamo provare ristoranti diversi, sai la cucina abruzzese è molto buona...
♦ Vabbè...
♥ Allora, che ne dici?
♦ E quando vuoi andare?
♥ L'appartamento è ancora libero per il mese di luglio, possiamo prenotare le prime due settimane, che ne dici?
♦ Certo che però la Sardegna!

Lösungen

Lezione 1

2.

a. Stanno parlando il ragazzo della foto numero 2 e la ragazza della foto numero 3.

b. nome: Anne; nazionalità: danese; città di provenienza: Copenaghen; città di residenza: Bologna; anni: 24; stato civile: sposata; lingue: il danese, l'italiano, l'inglese e il tedesco

c. Come ti chiami? / Come si chiama?; Di dove sei? / Di dov'è?; Dove abiti/vivi? / Dove abita / vive?; Quanti anni hai? / Quanti anni ha?; Sei sposato/-a? / È sposato/-a?; Che lingue parli? / Che lingue parla?

4.

a. medici generici, agenti delle tasse, agenti immobiliari; artisti, controllori del traffico, fisici; piloti, musicisti; giocatori, politici; amministratori delegati; muratori, manovratori del treno, artisti; muratori, presidenti; calciatori, accademici; serial killer; dentisti, Messia

5.

a. Marito e moglie parlano di una festa di compleanno.

b. **1.** una festa, suo compleanno; **2.** le sue colleghe, alcuni amici, suo fratello, i vicini

c. Nel dialogo sono descritte la ragazza del disegno numero 2 (Marina) e la ragazza del disegno numero 3 (Roberta).

6.

a. Antonio è basso, grasso; ha i baffi; ha i capelli corti, castani; ha gli occhi azzurri.

7.

Soluzione possibile: Sandro è il cognato di Francesco. Giovanni è il cugino di Federica. Giovanni è il figlio di Marta e Roberto. Federica è la nipote di Marta e Roberto. Federica è la nipote di Lucia e Giuseppe. Lucia e Giuseppe sono i nonni di Sara e Giovanni. Paola è la sorella di Sandro. Carlo è lo zio di Sara.

8.

a. Paola scrive a suo fratello Sandro.

9.

antipatico ≠ simpatico; allegro ≠ serio; chiuso ≠ aperto

Ricapitoliamo

1.

2. Di dov'è? 3. Dove abita? 4. Quanti anni ha? 5. Che lavoro fa? / Che cosa fa?

2.

Soluzione possibile: Marcel è snello. Ha la barba. Ha i capelli corti e castani. Ha gli occhi azzurri. Non è grasso e non è calvo. Non ha i baffi e non ha gli occhiali.

3.

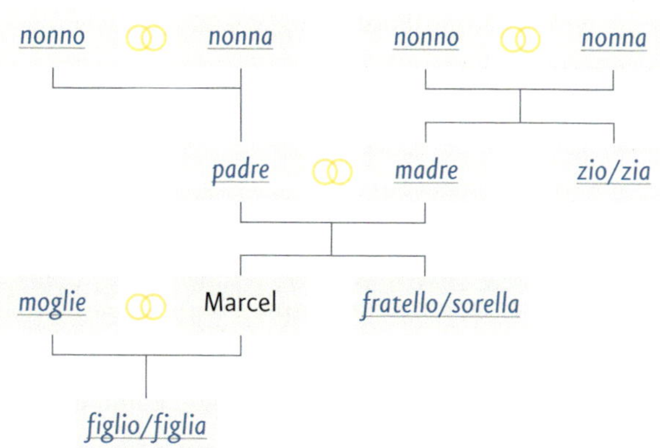

Lezione 2

1.

a. Giada: 5; Alessio: 6; Miki: 3

b. **Soluzione possibile: la mattina:** svegliarsi, fare la doccia, preparare la colazione, andare /

correre in ufficio, portare la bambina a scuola, lavorare, mettersi al computer, controllare le e-mail, leggere i quotidiani; **a mezzogiorno**: fare una pausa pranzo, andare in mensa; **il pomeriggio**: finire di lavorare, fare la spesa, andare a prendere la bambina, mettere in ordine, riprendere a lavorare; **la sera**: preparare la cena, cenare, guardare la televisione, uscire, andare al cinema, andare a teatro, andare a qualche vernissage, incontrarsi con amici, andare a mangiare, andare in palestra, incontrarsi con la ragazza

3.
c. Non fa mai colazione.; Non cucina mai.; Va sempre da sua madre.; Va sempre in palestra.

4.
a. sempre, spesso, qualche volta, raramente, mai

5.
gennaio, febbraio, marzo, aprile, maggio, giugno, luglio, agosto, settembre, ottobre, novembre, dicembre

6.
a. Si parla di un fine settimana lungo. I giorni della settimana: lunedì, martedì, mercoledì, giovedì, venerdì, sabato, domenica

b. **1.** Francesco vuole andare al mare, alle Cinque Terre. **2.** Paola ha l'appuntamento con le sue amiche mercoledì sera. **3.** Francesco vuole partire mercoledì sera. Paola vuole partire giovedì mattina o giovedì pomeriggio. **4.** Luca ha proposto Capri.

c. No, dai!; Che ne dici di…?; Partiamo…; No, non mi va!; Andiamo…; Sì, che bello!

d. **fare una proposta**: Hai voglia di…?; Che ne dici di…?; Partiamo…; Andiamo…; **accettare**: Sì, va bene.; Sì, che bello!; **rifiutare**: No, dai!; No, non ho voglia!; No, non mi va!

8.
a. Paola **deve** disdire un appuntamento con le sue amiche perché lei e suo marito **vogliono** fare un fine settimana lungo al mare e Francesco **vuole** partire già mercoledì sera perché non **vuole** perdere un giorno di vacanza.

9.
a. **esprimere dispiacere**: Purtroppo, Mi dispiace!; **fare un'altra proposta**: Non possiamo…; **cominciare e finire un'e-mail**: Carissime!; Baci!

Ricapitoliamo

1.
a. **Soluzione possibile**: Serena fa la doccia. Serena fa colazione. Alle 8.00 Serena comincia a lavorare. Alle 17.00 Serena torna a casa. La sera cena con il partner. Insieme guardano la televisione. Poi Serena legge il giornale. Alle 23.00 Serena va a letto.

2.
Soluzione possibile: Hai voglia di andare in montagna sabato (22 luglio)? Possiamo partire alle 8.30.; Andiamo al ristorante giovedì? Ci possiamo vedere alle 20.30?; Che ne dici di andare al cinema martedì sera, alle 20.00?

Lezione 3

1.
a. testo 1 → foto 1; testo 2 → foto 3; testo 3 → foto 2

b. **1.** originale, situato a soli 10 minuti da…, posizione molto centrale; **2.** elegante palazzo d'epoca, a 5 stelle, a 500 metri dalla stazione, metropolitana e autobus nelle vicinanze / collegamento diretto con tutte le zone della città; **3.** situato a pochi chilometri da…, camere spaziose, parcheggio gratuito, centro fitness, connessione Internet gratuita, aria condizionata e TV, ricco buffet per la colazione, servizio navetta

2.

a. (a sinistra) il minibar, la porta, il comodino; (a destra) l'armadio, la chiave, il telefono, il tappeto

b. Il comodino è accanto all'armadio.; Il giornale è sul comodino.; Il minibar è vicino al letto.; Il tappeto è sotto il letto.; Il telefono è davanti al letto.; La chiave è sul letto.

3.

a. Data di arrivo: 14 maggio; Data di partenza: 17 maggio; Tipo di camera: doppia

b. sul cortile; la cassaforte, l'aria condizionata; l'ascensore

c. **I clienti:** La camera è tranquilla?; La fermata della metropolitana è qui vicino?; Allora la camera non ha una bella vista...; C'è l'aria condizionata?; **L'impiegato dell'hotel:** Posso avere i documenti?; Queste sono le chiavi.; Faccio venire qualcuno per i bagagli.; Lì c'è l'ascensore.

d. Hotel Imperiale (testo 2 / foto 3)

5.

b. risotto al nero di seppia; branzino in crosta di sale; spaghetti allo scoglio; verdure alla griglia

c. **Antipasti:** verdure alla griglia, prosciutto crudo e mozzarella di bufala, insalata di mare; **Primi piatti:** ravioli di pesce, risotto al nero di seppia, spaghetti allo scoglio; **Secondi piatti:** (carne) pollo al forno con patate, ossobuco in salsa gremolada, (pesce) branzino in crosta di sale; **Contorni:** insalata di pomodori, asparagi in insalata, patate al forno o fritte; **Dessert / Dolci:** torta di ricotta, panna cotta al caramello, macedonia aromatica con gelato di cioccolato

6.

a. ossobuco in salsa gremolada; carpaccio di manzo con rucola e grana; insalata di pomodori; pollo al forno con patate

b. una bottiglia di acqua minerale grande, frizzante; mezzo litro di vino rosso

c. **1.** Un tavolo per due persone! **2.** Senta, scusi! **3.** Ci porta il menu, per favore? **4.** La salsa gremolada com'è fatta? **5.** Nell'insalata di mare c'è l'aglio? **6.** Io prendo... / Per me... **7.** L'ossobuco è servito con... **8.** Il conto, per favore!

Ricapitoliamo

1.

Soluzione possibile: 2. C'è la cassaforte? **3.** C'è l'aria condizionata? **4.** C'è il fitness? **5.** La fermata della metropolitana è qui vicino? **6.** C'è l'ascensore? / Dov'è l'ascensore?

2.

1. Sotto il letto. **2.** Accanto al letto. **3.** Davanti alla porta. **4.** Sul letto. **5.** Nell'armadio. **6.** Dietro la porta.

3.

2. Senta, scusi! **3.** Nell'insalata di mare c'è l'aglio? **4.** L'ossobuco è servito con...? **5.** La salsa gremolada com'è fatta? **6.** Io prendo... / Per me... **7.** Il conto, per favore!

Lezione 4

1.

a. Torino / foto 1, in alto a sinistra

b. **natura:** parco, collina, montagne, mare; **strutture / monumenti:** museo, castello, fontana, fast food, ristoranti, pizzerie, cinema, hotel

2.

a. **2.** girare a sinistra; **3.** girare a destra; **4.** attraversare la piazza; **5.** attraversare la strada; **6.** tornare indietro; **7.** arrivare all'incrocio; **8.** arrivare al semaforo

b. andare avanti / dritto; girare a sinistra; attraversare la piazza

c. La farmacia.

3.
Senta, scusi!; C'è una farmacia qui vicino?; Dov'è la Farmacia Centrale?; È lontana la farmacia?

5.
a.

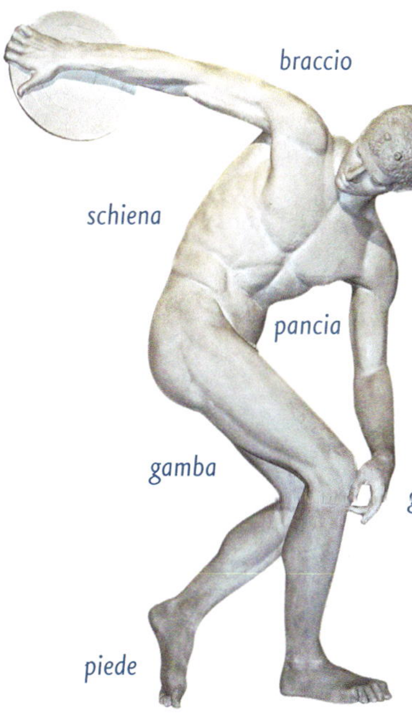

6.
a. testa, schiena, gambe, gola, stomaco

b. Ha mal di testa.; Ha mal di schiena.; Gli fanno male le gambe.; Ha mal di gola.

c. 1. L'influenza.; 2. Il tempo.

8.
a. 1. pastiglie; 2. gocce; 3. bustina; 4. pomata; 5. sciroppo

b. **Soluzione possibile:** 1. Senta, ho mal di schiena. Cosa posso prendere? – 2.; 2. Buongiorno! Ho mal di gola. – 3.; 3. Salve, ho mal di testa! – 1.

9.
a. 1. Piove. 2. È nuvolo. / nuvoloso. 3. Fa freddo. 4. Nevica. 5. C'è (il) vento. 6. C'è il sole.

Ricapitoliamo

1.
2. arrivare all'incrocio; 3. tornare indietro; 4. andare dritto; 5. girare a sinistra; 6. attraversare la piazza

2.
2. Senta scusi, dov'è la stazione? 3. C'è una banca qui vicino? 4. C'è una farmacia qui vicino?

3.
Bolzano: Nevica.; **Napoli:** C'è (il) vento.; **Palermo:** C'è il sole.; **Bologna:** Piove.; **Firenze:** È nuvolo / nuvoloso.

Lezione 5

1.
a. **Frutta:** arance, banane, mele, pere, uva
Verdura: carote, finocchi, insalata, melanzane, pomodori, spinaci

b. pomodori / un chilo; sedano, carote / mezzo chilo; pere / un chilo

c. **panetteria:** pane; **pasticceria:** torta di mele; **supermercato:** latte, detersivo lavatrice, parmigiano, prosciutto crudo, dentifricio, yogurt; **pescivendolo:** trote; **macelleria:** bistecche

3.
a. Vorrei dei pomodori.; No, no, da insalata.; Poi?; Sedano, carote, ...altro?; Ma come sono... sono mature?; Ne prendo un chilo.; No, basta così. Quant'è?

4.
a. **Soluzione possibile:** Per 4 persone: maccheroni con broccoli gratinati (320 g. maccheroni, una cipolla, 2 spicchi d'aglio, 300 g.

broccoli, formaggio grana, olio, sale, pepe); pollo al limone (un pollo, una cipolla, un bicchiere di vino bianco, un limone, olio, sale, pepe); coppetta di ricotta ai frutti di bosco (200 g. ricotta, un vasetto di yogurt, 4 cucchiai di miele, un cestino di mirtilli, un cestino di more, un cestino di lamponi)

5.

a.

	a pranzo	a cena
frutta, pane, verdura	5 volte	5 volte
pasta	> 4 volte	> 2 volte
carne	*3 volte*	> 2 volte
riso	2 volte	> 1 volta
pesce	2 volte	< 2 volte
dolce	*2 volte*	*< 2 volte*
vino	< 3 volte	< 3 volte
bevande gassate	*< 2 volte*	< 2 volte
birra	> 1 volta	*> 1 volta*

6.

a. 1. abbigliamento; 2. calzature; 3. profumeria; 4. intimo

c. 5 pantaloni bianchi/grigi di cotone in tinta unita; 7 scarpe grigie con il tacco alto; 3 cintura marrone di pelle; 4 maglione dolcevita blu di lana; 2 camicia di cotone a strisce; 1 vestito di seta fantasia; 9 borsa verde di pelle; 8 piumino viola in tessuto impermeabile di vera piuma d'oca; 6 gonna rossa di lana

9.

a. Ai grandi magazzini.

b. 1. La gonna e le scarpe.; 2. La gonna.; 3. La 42.; 4. 250 €.

c. 1. Ho visto una gonna in vetrina. 2. Che taglia porta? 3. La 42. 4. Posso provarla? 5. Quanto costa? 6. Allora, come va? 7. Bene! La prendo.

Ricapitoliamo

1.

Soluzione possibile: 1. Vorrei mezzo chilo di pomodori. 2. Va bene, poi? 3. Due chili di patate. 4. Due chili di patate, altro? 5. Sì, un chilo di mele. 7. Basta così, quant'è? 8. 7 euro e sessanta.

2.

Soluzione possibile: 1. Vorrei vedere i pantaloni bianchi che sono in vetrina. 3. La 44. 5. Posso provarli? 7. Sono perfetti. / Vanno bene. Quanto costano? 9. Va bene, li prendo.

Lezione 6

1.

a. **al mare:** prendere il sole, fare il bagno, nuotare, fare windsurf, andare in bicicletta, fare snorkeling; **in montagna:** fare escursioni, sciare, fare camminate ad alta quota, andare in bicicletta; **in una città d'arte:** visitare il centro storico, visitare musei, andare in bicicletta

2.

a. Isabella ha passato le vacanze al mare per due settimane.

b. **Isabella:** è partita alla fine di giugno, ha fatto molti bagni, ha letto molto; **Beppe:** è partito all'inizio di luglio, ha fatto windsurf, ha giocato con i bambini; **i bambini:** sono partiti alla fine di giugno, hanno giocato

4.

a. Carmela: 5/2; Renato: 3; Wanda: 1

b. **essere:** è stato; **vedere:** abbiamo visto; **rimanere:** siamo rimasti; **fare:** abbiamo fatto; **prendere:** ho preso; **leggere:** ho letto

6.

a.

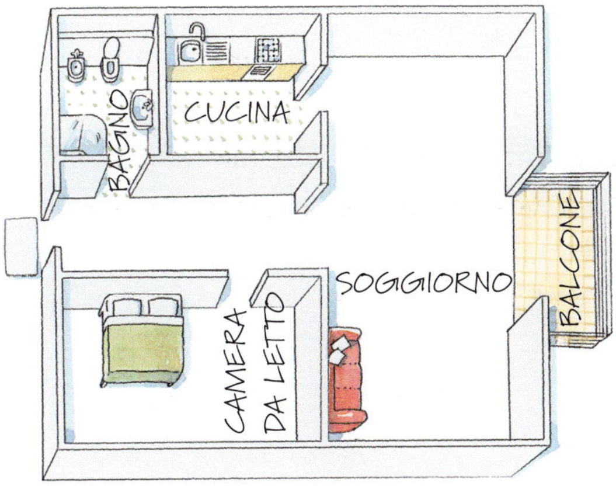

7.

a. Paola e Francesco parlano delle vacanze. Paola vuole andare in Sardegna in hotel. Francesco vuole andare in Abruzzo in un appartamento.

b. **1.** Si parla dell'appartamento numero 3.; **2.** il balcone, la lavatrice; **3.** essere liberi di fare quello che si vuole, non spendere troppo, rilassarsi, provare ristoranti diversi

8.

a. L'annuncio 2 Giulianova descrive l'appartamento del dialogo perché è vicino al mare, ha soggiorno, cucina, camera matrimoniale, bagno, balcone e lavatrice.

9.

a. **1.** vacanze in un villaggio turistico; **2.** vacanze in campeggio; **3.** viaggio organizzato; **4.** vacanze al mare; **5.** vacanze in agriturismo

Ricapitoliamo

1.

Soluzione possibile: fare escursioni / il bagno / windsurf / snorkeling; **visitare** il centro storico / musei / un castello; **prendere** il sole / un gelato; **andare** al mare / in montagna / al lago / in bicicletta / al ristorante

Quellenverzeichnis

Coverfoto: © Getty Images / Cultura/Judith Haeusler | **Seite 6:** Landkarte © fotolia/photallery; Rom © Thinkstock/iStockphoto; Paris © fotolia/axeldrosta; Barcelona © iStockphoto/raiwa; Kopenhagen © Thinkstock/Hemera | **Seite 7:** 1 © Thinkstock/F1online; 2 © fotolia/Yuri Arcurs; 3 © Thinkstock/Brand X Pictures/Jupiterimages; 4 © iStockphoto/YazolinoGirl | **Seite 9:** Text von Simona Marchetti, Dimmi in che mese sei nato e ti dirò che lavoro fai, aus: Corriere della sera, 5 settembre 2011 © RCS Mediagroup Spa; Tafel © fotolia/Carolina K Smith MD; Kasse © iStockphoto/AndyL; Ordner © fotolia/Gina Sanders; Stethoskop © fotolia/babimu; Helm © fotolia/Olaf Wandruschka | **Seite 11:** Paar links © Thinkstock/iStockphoto; Paar rechts © iStockphoto/svetikd | **Seite 12:** © fotolia/Kzenon | **Seite 13:** © fotolia/Antonio Gravante | **Seite 14:** 1 © iStockphoto/duncan1890; 2 © Thinkstock/Wavebreak Media; 3 © Thinkstock/Photodisc/Steve Mason; 4 © Thinkstock/Creatas Images; 5 © Thinkstock/Purestock; 6 © iStockphoto/bowdenimages | **Seite 15:** oben © iStockphoto/Trokantor; Mitte © iStockphoto/peepo; unten © fotolia/Thomas Oswald | **Seite 16:** © Plattform/Johnér Images/Corbis | **Seite 18:** alle Fotos © fotolia/Delphimages | **Seite 19:** © iStockphoto/rotofrank | **Seite 20:** © Thinkstock/iStockphoto | **Seite 22:** 1 © murattellioglu – stock.adobe.com, 2 © Getty Images/E+/Vesnaandjic; 3 © iStockphoto/bgpix | **Seite 26:** oben links © fotolia/Comugnero Silvana; oben rechts © fotolia/Comugnero Silvana; unten links © fotolia/victor1511; unten rechts © fotolia/Marzia Giacobbe | **Seite 28:** © iStockphoto/webphotographeer | **Seite 30:** Turin © fotolia/c; Lecce © fotolia/Rick Henzel; Ancona © mauritius images/FedericoMeneghetti/CuboImages; Italienkarte © fotolia/1xpert | **Seite 31:** oben © fotolia/PANORAMO; Pisa © iStockphoto/onfilm; Neapel © iStockphoto/nemnem; Florenz © Thinkstock/iStockphoto | **Seite 33:** © iStockphoto/Ekspansio | **Seite 34:** Skulptur © fotolia/Dariusz Kopestynski; Frau © Thinkstock/iStockphoto | **Seite 36/37/54:** Wettersymbole © fotolia/artcop; Italienkarte © ALMA Edizioni Firenze | **Seite 38:** © Thinkstock/Ingram Publishing | **Seite 41:** Tafel © Thinkstock/iStockphoto; Text basierend auf: Primo Rapporto Censis/Coldiretti sulle abitudini alimentari degli italiani, 2010 © www.coldiretti.it | **Seite 42:** Geschäfte: 1 © Thinkstock/iStockphoto; 2 © Panthe-Media/TONO BALAGUER; 3 © fotolia/Iakov Filimonov; 4 © iStockphoto/dardespot; Bekleidung: 1,2, 3, 6, 7 © Thinkstock/iStockphoto; 4 © fotolia/Cello Armstrong; 5 © iStockphoto/ARSELA; 8 © iStockphoto/deniztuyel; 9 © fotolia/Andrey Armyagov | **Seite 43:** Porto Cervo, Mailand © Thinkstock/iStockphoto; Dolomiten © iStockphoto/ultramarinfoto; Rom © fotolia/Vladimir Khirman | **Seite 44:** Tasche © fotolia/Andrey Armyagov; Rock © iStockphoto/dendong; Krawatte, Mantel, Handschuhe © Thinkstock/iStockphoto; Hose © iStockphoto/penguenstok; Schuhe © iStockphoto/stocksnapper; Pullover © Thinkstock/Hemera | **Seite 46:** Amalfi, Wandern, Skifahren © Thinkstock/iStockphoto; Rom © fotolia/Laiotz | **Seite 48:** Familie © Thinkstock/Wavebreak Media; Frauen © iStockphoto/snapphoto; 1 © fotolia/photocrew; 2 © Thinkstock/Hemera; 3 © iStockphoto/GlobalP; 4 © Thinkstock/iStockphoto; 5 © fotolia/Okea | **Seite 52:** 1 © fotolia/slava296; 2 © fotolia/Jan Jansen; 3 © fotolia/celeste clochard; 4, 5 © Thinkstock/iStockphoto
Illustrationen: © Dorkenwald Grafik-Design & Artwork, München

Inhalt des MP3-Downloads

Gesamtlaufzeit: 21:43 Minuten | |
Sprecher: Giovanni Ciani, Cristiana Cornelio, Isabella Ernst, Marcello Ferrario, Marco Montemarano, Danila Piotti, Stephanie Pfeiffer | **Produktion:** Tonstudio Langer, 85737 Ismaning, Deutschland

Appunti

Appunti